"十四五"普通高等院校体育类精品课程建设规划教材

乒乓球
教学训练与科研

杨青　张辉　编著

PINGPANGQIU

JIAOXUE XUNLIAN YU KEYAN

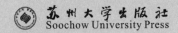
苏州大学出版社
Soochow University Press

图书在版编目(CIP)数据

乒乓球教学训练与科研 / 杨青,张辉编著. —苏州:苏州大学出版社,2022.1(2022.9重印)
 ISBN 978-7-5672-3769-8

Ⅰ. ①乒… Ⅱ. ①杨… ②张… Ⅲ. ①乒乓球运动 — 高等学校 — 教材 Ⅳ. ①G846

中国版本图书馆 CIP 数据核字(2021)第 261629 号

乒乓球教学训练与科研

编　　著:	杨　青　张　辉
责任编辑:	管兆宁
装帧设计:	刘　俊
出版发行:	苏州大学出版社(Soochow University Press)
社　　址:	苏州市十梓街 1 号　邮编:215006
印　　刷:	镇江文苑制版印刷有限责任公司
邮购热线:	0512-67480030
销售热线:	0512-67481020
开　　本:	787 mm×1 092 mm　1/16　印张:12.25　字数:254 千
版　　次:	2022 年 1 月第 1 版
印　　次:	2022 年 9 月第 2 次印刷
书　　号:	ISBN 978-7-5672-3769-8
定　　价:	40.00 元

若有印装错误,本社负责调换
苏州大学出版社营销部　电话:0512-67481020
苏州大学出版社网址　http://www.sudapress.com
苏州大学出版社邮箱　sdcbs@ suda.edu.cn

前言

本书是高等院校体育类精品课程建设规划教材,适用于体育教育、运动训练专业的乒乓球主修课和其他各类专业的普修课、选修课的教学,也适用于中小学体育教师及基层运动队教练员学习乒乓球相关理论和实践知识。

编者依据针对性、实用性、科学性等原则,在多年乒乓球教学、训练和科研的基础上,精选和拓展了相关的教学内容,并配以大量的动作示范图示和二维码辅助视频,使学习者能更形象、直观、方便地获取知识,达到易懂、易学、易得的效果。

此外,本书还增加了"拓展阅读"栏目,旨在拓宽学生视野,帮助学生在进行理论学习和技术训练的同时,获得正确的价值引导,提高思政意识,从而达到知识学习和价值育人相统一的目的。

本书由苏州大学体育学院杨青副教授、浙江大学教育学院体育学系张辉教授编著,全书由杨青统稿。书中的视频拍摄和技术动作示范由苏州大学体育学院潘立成、徐思雨、李木子、孙玥、杨喆琨、李珈萱等完成。

我们真诚地希望广大师生和专家对本书提出宝贵意见,以便今后能不断完善和提高。

杨青　张辉
2021 年 9 月

第一章　乒乓球运动概述及基本知识 / 1

第一节　乒乓球运动的起源与发展 / 1
第二节　乒乓球运动主要赛事 / 6
拓展阅读　乒乓外交 / 14
第三节　乒乓球基本知识 / 15
拓展阅读　"红双喜"的由来 / 26

第二章　乒乓球技术与战术 / 28

第一节　基本站位和准备姿势 / 28
第二节　握拍法 / 29
第三节　发球技术 / 31
第四节　接发球技术 / 39
第五节　进攻技术 / 41
拓展阅读　"单项技术"的代表人物 / 51
第六节　控制和防御技术 / 53
第七节　步法 / 59
第八节　结合技术 / 63
第九节　乒乓球战术 / 65
第十节　乒乓球双打 / 73
拓展阅读　"15板大战"——许昕 / 77

第三章 乒乓球教学与训练 / 79

第一节 乒乓球教学 / 79
拓展阅读 "双圈超级全满贯"——马龙 / 90
第二节 乒乓球训练 / 91
拓展阅读 乒乓球运动等级和荣誉称号 / 111

第四章 乒乓球竞赛规则 / 115

第一节 乒乓球比赛规则 / 115
第二节 乒乓球竞赛组织 / 131
拓展阅读 国际乒乓球联合会 / 151

第五章 乒乓球科学研究 / 153

第一节 乒乓球科学研究概述 / 153
第二节 乒乓球技战术研究 / 156
第三节 乒乓球技战术科研论文案例 / 169
拓展阅读 力挽狂澜的刘国正 / 185

参考文献 / 187

第一章 乒乓球运动概述及基本知识

本章提要

本章对乒乓球运动的起源与发展、乒乓球运动的主要赛事和乒乓球基本知识进行了介绍。基本知识包括了器材与场地、基本术语、乒乓球五大技术要素，以及乒乓球击球的基本环节。通过本章的学习，学生能够了解乒乓球的一般知识，掌握乒乓球相关专业概念。

第一节 乒乓球运动的起源与发展

一、乒乓球运动的起源

乒乓球运动于 19 世纪末起源于英国，由网球运动派生而来。当地流传着这样一个有趣的故事：有两个青年网球迷到一家饭馆就餐，就餐期间二人就网球的战术争论得不可开交，于是将桌上大号的雪茄烟盒当作球拍，拔下红酒瓶上的软木塞当作球，以餐桌为场地，模仿网球的动作打来打去。他们的这一举动吸引了很多人围观，餐厅的经理也被吸引了，禁不住惊呼道："Table Tennis."这就为乒乓球运动定了名字。图 1-1 所示是世界上第一副乒乓球拍。

最初，乒乓球只是一种娱乐活动，没有统一的规则，有一局 10 分或 20 分的，也有一局 50 分或 100 分

图 1-1 世界上第一副乒乓球拍
（资料来源：国际乒联博物馆）

的。发球很随意，可以像打网球似的将球直接发到对方台面，也可以把球先发到本方台面再弹至对方台面。所用器材也和今天的大不一样，球的直径为50毫米，网高为30厘米；球拍是空心的，用羊皮纸贴成，形状为长柄椭圆形（图1-2）。

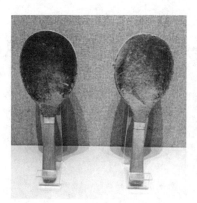

图1-2　早期的乒乓球拍（资料来源：国际乒联博物馆）

1890年，英国著名越野跑运动员詹姆斯·吉布发现了一种用赛璐珞制成的空心玩具球，弹跳力很强。被稍加改进后，这种球便逐步在世界各地推广开来。因为此球在桌上打来打去时发出了"乒乓乓乓"的声音，英国一家体育用品公司首先用"乒乓"（Ping-Pong）一词做了广告，乒乓球从此得名。图1-3所示是早期的乒乓球和球筒。

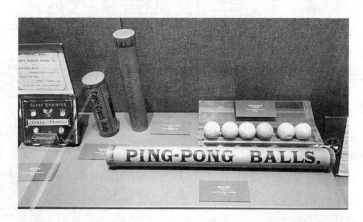

图1-3　早期的乒乓球和球筒（资料来源：国际乒联博物馆）

1900年，英国成立了乒乓球协会，并在皇后大厅举行了大型乒乓球赛，开创了乒乓球正式比赛的先河。1902年，英国人库特发明了胶皮拍。同年，在英国游学的日本人坪井玄道，将乒乓球的整套用具带回日本。1904年，乒乓球运动从日本传入中国。但最新的研究认为，乒乓球传入近代中国的时间是1901年或之前，地点是天津。随后，这项运动逐渐在北京、天津、青岛、上海、广州等地开展起来。1918

年，上海率先成立全市乒乓球联合会，成立了多支乒乓球球队，并于1923年举办了首次比赛。同年，全国乒乓球联合会在上海诞生，中国乒乓球运动得到了初步的发展。

1926年，人们发现"乒乓"一词是商业注册名称，而且原英国乒乓球协会也缺乏代表性，因此便解散了这个协会，重新成立了"Table Tennis"（桌上网球）协会。"Table Tennis"一词一直沿用至今。汉语的"乒乓球"一词是从声音得名的，但将其翻译成英文时，仍用"Table Tennis"。

二、乒乓球运动的发展历程

（一）第一发展阶段：削球打法主导时期（欧洲全盛阶段，1926—1951年）

最初，运动员使用木制球拍，速度慢，旋转也不强，因此打法单调，只能简单地把球推过来挡回去。后来出现了胶皮球拍，胶皮拍比木制拍弹性大，摩擦力强，可以制造一定的旋转，在使用上能攻能守，因此技术上有了些变化，出现了削下旋的防守型打法。新器材的出现为削球打法的运动员在下旋球技术方面和反攻技术方面的提升提供了适宜的条件。

削球打法曾在欧洲风行一时，很多运动员采用这种打法获得世界冠军，如匈牙利的法卡斯（女），英国的伯格曼、李奇，捷克的瓦纳，等等。这一时期，乒乓球运动的优势在欧洲。世界乒乓球锦标赛（World Table Tennis Championships，简称"世乒赛"）的前18届比赛先后产生118个冠军，除美国选手获得9个冠军外，其余109个冠军全部为欧洲选手，其中匈牙利选手成绩最为突出，共获得57个半（双打比赛与外国选手合作）冠军。此时期常被世人称为欧洲的全盛时期。

欧洲选手的基本打法是防守多于进攻，主要靠稳削下旋球取胜对手。他们的指导思想是力争自己不失误，而等待对方失误以取胜。于是在争夺世界冠军的决赛中，曾不止一次地出现"马拉松"式的比赛局面，甚至有的裁判员不得不用掷硬币的方法来决定胜负。在第11届世乒赛的女子单打决赛中，美国和奥地利运动员比赛时间过长，双方又不同意用抽签方法决定胜负，致使这一届女子单打世界冠军成绩表内写着"无冠军"。鉴于上述情况，1937年，国际乒乓球联合会（International Table Tennis Federation，简称"国际乒联"）决定对比赛器材和规则进行如下修改：

球由软球改为硬球；

球网高度由17厘米降为15.25厘米；

球台宽度由146.4厘米加宽至152.5厘米；

三局两胜的比赛限定每局20分钟，总时长60分钟，五局三胜的比赛限定总时长105分钟；

如果在限定时间内比赛没有结束，判定竞争对手中比分领先者为胜方。

（二）第二发展阶段：中远台单面长抽打法主导时期（日本称霸阶段，1952—1959 年）

1952 年，日本运动员在参加第 19 届世乒赛中采用中远台单面长抽打法，结合快速的步法移动，击败了欧洲的下旋削球，从此上旋打法占据了优势。此外，日本还革新了工具，使用海绵球拍，因而加快了进攻的速度。这种新的打法比速度慢、旋转弱、攻击力不强的防守型打法先进。日本运动员的远台正手攻球力量大、速度快，配合威胁性较大的反手发急球抢攻打法在第 19 届世乒赛中一举夺得 4 项冠军，从而打破了欧洲运动员的垄断地位。这一时期举行过 7 届世乒赛（第 19—25 届），日本选手夺走了 49 枚金牌中的 24 枚，约占总数的 49%。在第 25 届世乒赛上，日本运动员达到了高峰状态，获得了除男子单打以外的 6 项冠军。

这个时期领先的打法和器材的革新也带来了规则的改变。日本运动员佐藤博治在第 19 届世乒赛中使用 8 毫米黄色软海绵球拍，充分发挥了球拍击球速度快的特点，运用长抽进攻技术获得了男单冠军。同时，这在国际乒坛上也引起了关于海绵球拍问题的争论。1959 年，国际乒联主席蒙塔古肯定了这一新工具对乒乓球技术发展的作用，使得海绵球拍得以合法使用。同年，国际乒联对球拍的规则做出了以下明确规定：

球拍的形状、大小和重量不限；

底板应平整、坚硬；

拍面应为均匀一致、无光泽、暗色；

普通颗粒胶皮覆盖在底板上时，连同黏合剂其厚度不超过 2 毫米；

海绵加颗粒胶皮覆盖在底板上时，连同黏合剂其厚度不超过 4 毫米。

（三）第三发展阶段：近台快攻打法主导时期（中国崛起阶段，1960—1969 年）

近台快攻打法是中国在乒乓球运动发展史上的一项重要技术创新。近台快攻打法对于速度的认识，一直影响着乒乓球技术发展的方向。在 20 世纪 50 年代日本称霸世界乒坛的时候，中国也开始登上世界乒坛。1952 年，中国举办了第一次全国乒乓球比赛，并组建了国家乒乓球队。1953 年，中国参加了第 20 届世界锦标赛。1959 年，在第 25 届世乒赛上，容国团代表中国第一次夺得世界锦标赛男单冠军，标志着中国乒乓球运动在世界上的崛起。通过参加几届世乒赛，中国队总结正反两方面的经验教训，在技术上保持了"快"和"狠"的特点，训练上狠抓基本功，加强了击球的准确性和变化，提高了对削球的拉攻能力，逐渐形成了以"快、准、狠、变"为技术风格的直拍近台快攻打法。

在 1961 年的第 26 届世乒赛中，中国队的近台快攻打法既打败了欧洲的削球打法，又战胜了日本的中远台长抽加弧圈球打法，一举夺取了男子团体、男子单打和女子单打 3 项世界冠军，继而连续获得第 27、28 届男子团体冠军，震撼了世界乒坛，从此，中国乒乓球运动走到了世界前列。在第 26—28 届的 3 届世乒赛中，金牌共为 21 枚，中国运动员夺得了 11 枚，约占总数的 52%。这表明从 20 世纪 60 年代开始，乒乓球的技术优势已经由亚洲的日本转向了中国。

（四）第四发展阶段：弧圈球打法兴起与近台快攻打法继续保持优势时期（欧亚对抗阶段，1970—1987年）

在日本、中国的乒乓球运动发展的同时，欧洲的乒乓球选手一直处于探索之中。他们从失败和挫折中总结经验教训，学习并发展了日本的弧圈球技术，同时吸取了中国近台快攻打法的优点，摸索出适合自己的技术发展道路，创造了适合他们的以弧圈球为主结合快攻和以快攻为主结合弧圈球两种先进打法。前一种打法以匈牙利的克兰帕尔、约尼尔为代表，后一种打法以瑞典的本格森、捷克的奥洛夫斯基、波兰的格鲁巴为代表。这两种打法的特点是旋转较强、速度快、能拉能打、低拉高打、正反手都能拉弧圈球、回球威胁性较大。他们把旋转和速度紧密地结合起来，把乒乓球技术提高到一个新的高度。

20世纪70年代以后，中国的近台快攻打法也有了一定的提高和发展，主要针对弧圈球技术形成了新近台快攻打法。采用的新技术有：盖打、反带、推挤弧圈球等；在下旋球中，增加了正手快拉小弧圈、正手快带弧圈球等；发明了正、反手高抛发球；发展了推挡技术中的加力推、减力挡和推挤弧圈球。这些新技术在历届世乒赛中显示了一定的威力。另外，中国的直拍快攻结合弧圈球打法，也取得了较好的成绩。削攻结合和以削为主打法的选手，较好地掌握与运用了两面具有不同性能的胶皮球拍，在发球、搓球、削球、拱球、挡球等技术方面，有所发明和创新，达到了世界先进水平。同时，中国横拍快攻结合弧圈球打法的运动员的技术水平也有了较大幅度的提高，在一系列的国际比赛中，也战胜了不少著名的欧洲选手，取得了良好的成绩。这个时期的中国乒乓球队在技术上不断改革、发展和创新，在原有的"快、准、狠、变"的技术风格上增加了"转"，并在随后几届的世乒赛上取得了可喜的成绩。在第31—39届的世乒赛中，中国队共获得42项世界冠军，约占总金牌数的66.6%。其中，获得了7次男子团体冠军、7次女子团体冠军、5次男子单打冠军、7次女子单打冠军、3次男子双打冠军、6次女子双打冠军（其中包括1次与朝鲜运动员合作）、7次混合双打冠军。

乒乓球拍在这一阶段没有本质性的变化，主要采用正反胶海绵拍。但在球拍材料的选用上出现了碳素纤维，它在提高击球的速度和力量的同时，能够保证击球的稳定性。鉴于以上情况，国际乒联对不同性能球拍在比赛中的使用和检查方面做出了以下规定：

1979年，规定一场比赛第一次使用一个球拍前，若对方要求，应出示球拍的两面；

1982年，规定在比赛时，第一次使用一个球拍前，应允许对手或裁判员检查；

1983—1985年，进一步规定比赛开始时或比赛过程中，无论运动员何时需要更换球拍，都必须向对手和裁判员出示，并允许他们检查；

1986年，规定必须使用有覆盖物的拍面击球。

（五）第五发展阶段：弧圈球打法主导时期（欧亚竞争至中国一枝独秀阶段，1988年至少）

1988年，乒乓球进入奥运大家庭，进一步推动了世界乒乓球运动的发展。世界各国尤其是欧洲和亚洲的乒乓球强国更加重视乒乓球的普及和提高。从20世纪80年代末到90年代初，以瓦尔德内尔为代表的瑞典男队，以两面弧圈结合快攻的打法横扫乒坛，连续夺得了第40、41、42届三届世乒赛的团体冠军，瓦尔德内尔获得了第40届世乒赛男子单打冠军和第25届奥运会男子单打冠军，其队友佩尔森获得了第41届世乒赛男子单打冠军。

中国传统的直拍快攻（左推右攻）打法，由于反手位的技术缺乏进攻力，在这个时期遭遇了前所未有的困难与挑战，尤其是中国男队。后来，中国队通过技术和打法上的改进和创新，明显地提高了弧圈球技术，在1995年的第43届世乒赛上重新夺回了男子团体和男子单打的冠军。此后，以刘国梁、王皓为代表的乒乓球运动员所采用的直拍横打技术，使得中国的直拍打法走出了困境。自2000年以来，中国队在各类世界大赛中占据明显优势，除2010年莫斯科世乒赛女子团体意外输给了新加坡队外，获得了其他所有重大赛事的冠军。

这一阶段，国际乒联对乒乓球规则做出了数次重大的改革，对乒乓球打法产生了直接的影响：

1992—1993年，规定球拍颜色必须一面为鲜红色，一面为黑色；

1998年，规定正胶胶粒的粒高和胶粒顶直径之比，从1∶3改为1∶1.1；

2000年，规定比赛用球由38毫米改为40毫米；

2001年，赛制由21分制改为11分制；

2002年，实施无遮挡发球；

2008年，使用无机胶水；

2014年，使用新塑料乒乓球，直径由39.5～40.5毫米增加到40～40.6毫米，并采用"40+"标注。

第二节　乒乓球运动主要赛事

一、世界乒乓球锦标赛

世界乒乓球锦标赛由国际乒联主办，每届比赛由国际乒联授权比赛地的乒乓球协会承办，是历史最悠久、规模最大、最具有影响力的一项赛事。世乒赛设有男女单打、男女双打、混合双打及男女团体7项赛事。

首届世界乒乓球锦标赛于 1926 年 12 月在英国伦敦举行,每年举行一次。1940—1946 年因第二次世界大战而中断,1957 年以后改为每两年举行一次。2003 年起,世乒赛的单项比赛与团体比赛分开进行,即单项比赛于奇数年进行,团体赛在偶数年举行。世乒赛的 7 个冠军奖杯命名如下(图 1-4):

(1) 男子团体——斯韦思林杯。由前国际乒联主席、英国的蒙塔古先生的母亲斯韦思林女士所赠,故称"斯韦思林杯"。

(2) 女子团体——考比伦杯。由前法国乒协主席马赛尔·考比伦先生捐赠,故以他的名字命名。

(3) 男子单打——圣·勃来德杯。由前英格兰乒协主席伍德科先生捐赠,以伦敦圣·勃来德乒乓球俱乐部的名字命名。

图 1-4　世界乒乓球锦标赛的 7 个冠军奖杯

(4) 女子单打——吉·盖斯特杯。由前匈牙利乒协主席吉·盖斯特先生捐赠,故以他的名字命名。

(5) 男子双打——伊朗杯。由前伊朗国王捐赠,故以伊朗的国名命名。

(6) 女子双打——波普杯。由前国际乒联名誉秘书长波普先生捐赠,故以他的名字命名。

(7) 混合双打——兹·赫杜赛克杯。由前捷克斯洛伐克乒协秘书长赫杜赛克先生捐赠,故以他的名字命名。

以上 7 个奖杯都是流动的,各项冠军获得者可保存该项奖杯到下届世乒赛开始前,并享受在奖杯上刻名字的荣誉。连续获得男、女单打 3 次冠军者,将获赠由国际乒联制作的一个仿制品,并可永久保存。表 1-1、表 1-2 是近 10 届世界乒乓球锦标赛的冠军名单。

表 1-1 近 10 届世界乒乓球锦标赛单项冠军

届次	时间	地点	男单冠军	女单冠军	男双冠军	女双冠军	混双冠军
55届	2019	匈牙利 布达佩斯	马龙（中国）	刘诗雯（中国）	马龙、王楚钦（中国）	王曼昱、孙颖莎（中国）	许昕、刘诗雯（中国）
54届	2017	德国 杜塞尔多夫	马龙（中国）	丁宁（中国）	许昕、樊振东（中国）	丁宁、刘诗雯（中国）	吉村真晴、石川佳纯（日本）
53届	2015	中国 苏州	马龙（中国）	丁宁（中国）	张继科、许昕（中国）	刘诗雯、朱雨玲（中国）	许昕（中国）、梁夏银（韩国）
52届	2013	法国 巴黎	张继科（中国）	李晓霞（中国）	陈建安、庄智渊（中国台北）	郭跃、李晓霞（中国）	金赫峰、金仲（朝鲜）
51届	2011	荷兰 鹿特丹	张继科（中国）	丁宁（中国）	马龙、许昕（中国）	郭跃、李晓霞（中国）	张超、曹臻（中国）
50届	2009	日本 横滨	王皓（中国）	张怡宁（中国）	陈玘、王皓（中国）	郭跃、李晓霞（中国）	李平、曹臻（中国）
49届	2007	克罗地亚 萨格勒布	王励勤（中国）	郭跃（中国）	马琳、陈玘（中国）	王楠、张怡宁（中国）	王励勤、郭跃（中国）
48届	2005	中国 上海	王励勤（中国）	张怡宁（中国）	孔令辉、王皓（中国）	王楠、张怡宁（中国）	王励勤、郭跃（中国）
47届	2003	法国 巴黎	施拉格（奥地利）	王楠（中国）	王励勤、阎森（中国）	王楠、张怡宁（中国）	王楠、马琳（中国）
46届	2001	日本 大阪	王励勤（中国）	王楠（中国）	王励勤、阎森（中国）	王楠、李菊（中国）	秦志戬、杨影（中国）

表 1-2 近 10 届世界乒乓球锦标赛团体冠军

届次	时间	地点	男团冠军	女团冠军
54届	2018	瑞典 哈尔姆斯塔德	中国	中国
53届	2016	马来西亚 吉隆坡	中国	中国
52届	2014	日本 东京	中国	中国
51届	2012	德国 多特蒙德	中国	中国
50届	2010	俄罗斯 莫斯科	中国	新加坡
49届	2008	中国 广州	中国	中国

续表

届次	时间	地点	男团冠军	女团冠军
48 届	2006	德国 不来梅	中国	中国
47 届	2004	卡塔尔 多哈	中国	中国
46 届	2001	日本 大阪	中国	中国
45 届	2000	马来西亚 吉隆坡	瑞典	中国

二、奥运会乒乓球比赛

1988 年，乒乓球第一次作为正式项目被列入第 24 届奥运会，设男子单打、女子单打、男子双打和女子双打 4 个项目。在 2008 年北京奥运会上，乒乓球项目中的男、女双打比赛，由男、女团体比赛代替，各队参赛人数不增加。

2016 年里约奥运会共设男、女团体和男、女单打 4 个项目，男、女各 86 人共 172 人参赛，每个协会最多只能有男、女各 3 人参赛，其中单打项目最多，男、女各 2 人。

2020 年东京奥运会新增混双项目，共设男单、女单、男团、女团和混双 5 个项目。每个国家或者地区只能派 6 名选手参赛，其中两名男单选手，两名女单选手，最多男女各一名只参加团体不参加单打的选手，最多一对混双组合。

表 1-3 是历届奥运会乒乓球比赛冠军名单。

表 1-3　历届奥运会乒乓球比赛冠军

届次	时间	地点	男单冠军	女单冠军	男双冠军	女双冠军	混双冠军	男团冠军	女团冠军
32 届	2021	日本东京	马龙（中国）	陈梦（中国）	—	—	水谷隼、伊藤美诚（日本）	中国	中国
31 届	2016	巴西里约	马龙（中国）	丁宁（中国）	—	—	—	中国	中国
30 届	2012	英国伦敦	张继科（中国）	李晓霞（中国）	—	—	—	中国	中国
29 届	2008	中国北京	马琳（中国）	张怡宁（中国）	—	—	—	中国	中国
28 届	2004	希腊雅典	柳承敏（韩国）	张怡宁（中国）	马琳、陈玘（中国）	王楠、张怡宁（中国）	—	—	—

续表

届次	时间	地点	男单冠军	女单冠军	男双冠军	女双冠军	混双冠军	男团冠军	女团冠军
27届	2000	澳大利亚悉尼	孔令辉（中国）	王楠（中国）	王励勤、阎森（中国）	王楠、李菊（中国）	—	—	—
26届	1996	美国亚特兰大	刘国梁（中国）	邓亚萍（中国）	孔令辉、刘国梁（中国）	邓亚萍、乔红（中国）	—	—	—
25届	1992	西班牙巴塞罗那	瓦尔德内尔（瑞典）	邓亚萍（中国）	王涛、吕林（中国）	邓亚萍、乔红（中国）	—	—	—
24届	1988	韩国汉城	刘南奎（韩国）	陈静（中国）	陈龙灿、韦晴光（中国）	梁英子、玄静和（韩国）	—	—	—

三、乒乓球世界杯比赛

乒乓球世界杯赛与世界乒乓球锦标赛、奥运会乒乓球赛为世界乒乓球三大赛事，是国际乒联主办的世界性高水平乒乓球比赛。1980年8月在中国香港举行了第一届男子单打项目的乒乓球世界杯比赛，1990年又增设了乒乓球世界杯团体赛和双打比赛，1996年9月在中国香港举办了首届乒乓球世界杯女子单打比赛。乒乓球世界杯比赛每年举行一届，至今尚未设混双比赛，因其参赛人数少、比赛时间短、参赛选手水平高、比赛精彩等特点，而受到广大观众欢迎。表1-4、表1-5、表1-6、表1-7是近10届乒乓球世界杯比赛各项目的冠军名单。

表1-4 近10届乒乓球世界杯男子单打冠军

届次	时间	地点	男单冠军
41届	2020	中国 威海	樊振东（中国）
40届	2019	中国 成都	樊振东（中国）
39届	2018	法国 巴黎	樊振东（中国）
38届	2017	比利时 列日	奥恰洛夫（德国）
37届	2016	德国 萨尔布吕肯	樊振东（中国）
36届	2015	瑞典 哈尔姆斯塔德	马龙（中国）
35届	2014	德国 杜塞尔多夫	张继科（中国）

续表

届次	时间	地点	男单冠军
34届	2013	比利时 韦尔维耶	许昕（中国）
33届	2012	英国 利物浦	马龙（中国）
32届	2011	法国 巴黎	张继科（中国）

表1-5 近10届乒乓球世界杯女子单打冠军

届次	时间	地点	女单冠军
24届	2020	中国 威海	陈梦（中国）
23届	2019	中国 成都	刘诗雯（中国）
22届	2018	中国 成都	丁宁（中国）
21届	2017	加拿大 万锦	朱雨玲（中国）
20届	2016	美国 费城	平野美宇（日本）
19届	2015	日本 仙台	刘诗雯（中国）
18届	2014	奥地利 林茨	丁宁（中国）
17届	2013	日本 神户	刘诗雯（中国）
16届	2012	中国 黄石	刘诗雯（中国）
15届	2011	新加坡	丁宁（中国）

表1-6 历届乒乓球世界杯男子团体冠军

届次	时间	地点	男团冠军
12届	2019	日本 东京	中国
11届	2018	法国 巴黎	中国
10届	2015	阿联酋 迪拜	中国
9届	2013	中国 广州	中国
8届	2011	德国 马格德堡	中国
7届	2010	阿联酋 迪拜	中国
6届	2009	奥地利 林茨	中国
5届	2007	德国 马格德堡	中国
4届	1995	美国 亚特兰大	韩国
3届	1994	法国 尼姆	中国
2届	1991	西班牙 巴塞罗那	中国
1届	1990	日本 千叶	瑞典

表1-7 历届乒乓球世界杯女子团体冠军

届次	时间	地点	男团冠军
12届	2019	日本 东京	中国
11届	2018	英国 伦敦	中国
10届	2015	阿联酋 迪拜	中国
9届	2013	中国 广州	中国
8届	2011	德国 马格德堡	中国
7届	2010	阿联酋 迪拜	中国
6届	2009	奥地利 林茨	中国
5届	2007	德国 马格德堡	中国
4届	1995	美国 亚特兰大	中国
3届	1994	法国 尼姆	俄罗斯
2届	1991	西班牙 巴塞罗那	中国
1届	1990	日本 千叶	中国

四、国际乒联职业巡回赛

国际乒联职业巡回赛由来已久，是国际乒联组织的一项具有世界影响力的国际大型单项体育赛事。比赛一般设立男子单打、女子单打、男子双打、女子双打4个项目，国际乒联的成员协会均可派选手参赛。每年年终针对该赛季各站巡回赛排名靠前的运动员进行的年终赛事称为国际乒联巡回赛总决赛。

为了适应市场化和职业化的需要，1996年国际乒联推出了乒乓球职业巡回赛。每年度比赛场次为10~15站，分布在各大洲进行，主要目的是普及乒乓球运动，让更多的协会能够参与到国际乒联所组织的赛事中。每个成员协会报名人数不限，常规情况下男、女单打各64名选手，男、女双打各16对组合，个别站的比赛中，由团体赛代替双打比赛，采取单淘汰制产生最后的冠军。

五、亚洲乒乓球锦标赛

亚洲乒乓球锦标赛是亚洲乒乓球联盟最重要的赛事，每两年举办一届，比赛设立男子单打、女子单打、男子团体、女子团体、男子双打、女子双打、混合双打7项比赛。1972年9月2日至13日，首届亚洲乒乓球锦标赛在中国北京举行。在这次锦标赛上，中国队获得女子团体、女子单打两项冠军。

表1-8是近10届亚洲乒乓球锦标赛的冠军名单。

表 1-8 近 10 届亚洲乒乓球锦标赛冠军

届次	时间	地点	男单冠军	女单冠军	男双冠军	女双冠军	混双冠军	男团冠军	女团冠军
24 届	2019	印度尼西亚日惹	许昕（中国）	孙颖莎（中国）	梁靖昆、林高远（中国）	丁宁、朱雨玲（中国）	许昕、刘诗雯（中国）	中国	中国
23 届	2017	中国无锡	樊振东（中国）	平野美宇（日本）	樊振东、林高远（中国）	朱雨玲、陈梦（中国）	周雨、陈幸同（中国）	中国	中国
22 届	2015	泰国芭提雅	樊振东（中国）	朱雨玲（中国）	樊振东、许昕（中国）	金彗星、李美英（朝鲜）	樊振东、陈梦（中国）	中国	中国
21 届	2013	韩国釜山	马龙（中国）	刘诗雯（中国）	闫安、周雨（中国）	朱雨玲、陈梦（中国）	李相秀、朴英淑（韩国）	中国	中国
20 届	2012	中国澳门	马龙（中国）	郭焱（中国）	高宁、扬子（新加坡）	郭炎、丁宁（中国）	许昕、郭焱（中国）	中国	中国
19 届	2009	印度勒克瑙	马龙（中国）	丁宁（中国）	马龙、许昕（中国）	丁宁、李晓霞（中国）	马龙、李晓霞（中国）	中国	中国
18 届	2007	中国扬州	王皓（中国）	张怡宁（中国）	马龙、郝帅（中国）	郭跃、李晓霞（中国）	吴尚垠、郭芳芳（韩国）	中国	中国
17 届	2005	韩国济州	王励勤（中国）	林菱（中国香港）	高礼泽、李静（中国香港）	郭焱、刘诗雯（中国）	王励勤、郭跃（中国）	中国	中国香港
16 届	2003	泰国曼谷	王皓（中国）	牛剑锋（中国）	高礼泽、李静（中国香港）	李楠、郭焱（中国）	李楠、刘国正（中国）	中国	中国
15 届	2000	卡塔尔多哈	蒋澎龙（中国台北）	林菱（中国香港）	蒋澎龙、张雁书（中国台北）	李恩实、石恩美（韩国）	杨影、阎森（中国）	中国	中国

拓展阅读

乒乓外交

20世纪70年代初，中国仍被排斥于联合国之外，中美继续处于对立状态，但美国因其霸权地位受到苏联挑战，试图改变对华政策。1971年，当时中国决定派队参加在日本名古屋举行的第31届世界乒乓球锦标赛。1971年4月4日，参赛的美国乒乓球运动员格伦·科恩匆忙中坐上了中国乒乓球运动员的汽车，在车上科恩与我国乒乓球运动员进行了友好交谈，中美两国运动员的这一举动引起了媒体的关注。经中央批准，中国乒乓球队正式邀请美国乒乓球队来访。4月10日，美国乒乓球队一行15人踏上了中国的土地，他们除了与中国球员进行友谊赛外，还参观了中国的名胜古迹，周恩来总理亲自接见了美国队员。次年2月21日，美国时任总统尼克松访华；4月14日，尼克松宣布结束存在20年的两国贸易禁令，中美关系终于走向了正常化发展的道路，并为后来新中国的国际发展合作奠定了重要基础。在此事件中，乒乓球运动成为中国政治外交的重要工具，开创了中国外交的途径与渠道，架起了中外之间的友谊桥梁，"小球推动大球"成为世界外交史上的一段佳话。

美国乒乓球运动员在长城

思想点睛

"乒乓外交"拉近了中美两国人民之间的距离，拉开了中美关系改善和发展的历史序幕，也加速了新中国走向世界的步伐。这是1949年后中国体育史和外交史上的重大事件。这一事件以中美乒乓球队互访为形式，以两国政府的高层对话为实质，以体育方式解决了一项棘手而又具有全球效应的政治外交问题。这是体育在促进世界和平、增进各国人民之间的友谊和改善国际关系方面的典型案例，也是中国外交策略的成功典范。

第三节 乒乓球基本知识

一、乒乓球器材与场地

(一) 乒乓球

传统的乒乓球一般由赛璐珞制成，呈无光泽的白色或橙色。由于赛璐珞材料具有不稳定性和易燃性，国际乒联规定自 2014 年 7 月 1 日起，乒乓球三大世界赛事（奥运会、世乒赛、世乒赛），以及国际乒联巡回赛分站赛和总决赛等都将使用以高分子聚合物为原料的新塑料乒乓球。除材质不同外，新塑料乒乓球的直径由 39.5~40.5 毫米增加到 40~40.6 毫米，一律采用"40+"标注。国际乒联将球的级别用星数来表示，分一、二、三星球，级别越高星数越多，如图 1-5 所示。

图 1-5 一星球（左）和三星球（右）

(二) 乒乓球拍

乒乓球拍由底板、海绵和胶皮三个部分组成。在乒乓球运动中，人们根据自己的技术特点和打法类型，选择不同类型的底板、海绵和胶皮。了解底板、海绵和胶皮的性能，是把底板、海绵和胶皮进行优化组合的前提。同时，在比赛中使用的球拍还必须符合正式比赛的要求。

1. 底板

乒乓球底板一般由木质材料制作而成，从木质材料的构成上看，乒乓球底板可分为一层木质底板和多层木质底板两种。多层木质底板主要有三、五、六、七、九层五种。在其他条件不变的情况下，底板的层数越多，球在底板的脱板速度就越快，借力击球比较容易；底板的层数越少，球在底板的停滞时间比较长，需要主动发力。

球拍的形状可以是多种多样的，球拍的把柄也有粗细、长短的区别。运动员喜欢选择什么样的球拍，大都和他们的打法与技术特点有关。乒乓球规则未对球拍的大小、重量、形状做限制，但对底板的厚度有规定，至少应含有 85% 的天然木料。底板的黏合层不能超过底板总厚度的 7.5% 或 0.35 毫米。直拍底板的质量在 90~100

克为宜，贴上海绵和胶皮的质量在 120~130 克；横拍底板的质量一般在 120~130 克为宜，贴上海绵和胶皮的质量在 150~160 克。底板因材料不同、厚度不等而弹性不同，一般厚度在 6.5~7 毫米为宜。现在的底板多为纯木、碳纤维、玻璃纤维、压缩纸等材料合成。进攻型打法选手多选用碳纤维、玻璃纤维等重量轻、弹性好的底板，防守型打法选手多选用纯木等弹性适中的底板。图 1-6、图 1-7 分别为直拍、横拍底板。

图 1-6　直拍底板　　　　图 1-7　横拍底板

2. 海绵

海绵是乒乓球拍的重要组成部分，其硬度和厚度直接影响击球的速度、旋转和控制球的效果。海绵有厚、薄、硬、软之分，厚度一般在 0.8~2.2 毫米，规则规定海绵与胶皮贴合的厚度不超过 4 毫米。对于海绵的硬度，规则没有限制，常用海绵的硬度在 30 度~50 度之间。在同一厚度下，海绵越硬，弹力越大；海绵越软，弹力越小。较硬的海绵有利于攻球并可以增加球的旋转，较软的海绵有利于控制球。一般反胶配软性海绵可以提高控制力；较硬的海绵配反胶有利于拉弧圈球，配正胶有利于推和攻；中厚海绵配生胶有利于发挥生胶打球下沉的特点优势；长胶配薄海绵有利于发挥长胶变球性的特点优势。

好的海绵应发泡均匀，厚度一致，表面平整，比重轻，用手指平压柔和并有顶指的弹力，攥成一团突然放开，展开速度快，表面无皱痕。目前国内市场上的乒乓球海绵主要有国产海绵、日本产海绵、德国产海绵 3 类。国产海绵孔壁厚，重量大，易于控制台内球，但中远台发力不足；日本产海绵孔壁较薄，重量适中，控制台内球差，但中远台发力足；德国产海绵孔壁最薄，重量较轻，球速快，底劲足。

3. 胶皮

（1）正胶胶皮。

正胶胶皮（图 1-8）是胶皮颗粒向外的胶皮，颗粒的高度一般在 0.8~1 毫米，在击球时不仅具有较好的

图 1-8　正胶胶皮

稳定性，而且反弹力也比较大，容易发挥海绵及底板的作用，有利于提高击球的速度，增加击球的力量。但正胶胶皮中胶体的含量不如反胶，颗粒较硬，黏性差，虽速度快，有利于推和攻，但摩擦力远不如反胶。

（2）长胶胶皮。

长胶胶皮（图1-9）是比较特殊的胶皮。胶体长而柔软，韧性极佳，颗粒高度在1.5~1.7毫米，故称长胶胶皮。在回击对方的加转弧圈球或突击球时，回球呈下旋；在回击对方的下旋发球或搓球时，回球呈上旋。对方来球旋转越强，回球的反向旋转也越大。一般情况下，这种胶皮不易于主动制造强烈的旋转，主要依靠来球的不同旋转而产生相反的旋转。

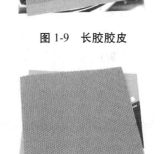

图1-9 长胶胶皮

（3）生胶胶皮。

生胶胶皮（图1-10）在规格上和正胶胶皮很相似，击球性能介于正胶和长胶之间。它具备了长胶反旋转和击球有下沉的性能，也部分具备了正胶胶皮击球速度快、易于进攻的性能。这种胶皮大多与薄海绵结合在一起，用以提高击球的稳定性。

（4）反胶胶皮。

所谓反胶胶皮（图1-11），即胶皮粒子向内的胶皮。这种胶皮由于胶体表面柔软，黏性大，来球与胶面接触时不易滑动，因而有利于增大摩擦力，一般以拉弧圈球为主，以削为主结合反攻打法的运动员多喜欢用反胶。

图1-10 生胶胶皮

（5）防弧胶皮。

防弧胶皮（图1-12）是专门用来对付弧圈球的，胶齿较短，拍面无黏性，表面较光滑，胶皮厚，弹性很差。运动员击出球后，球的运行速度较慢、弧线较短，着台后飘忽不定。这有利于消除弧圈球的强烈上旋，增强运动员控制球的能力，对付弧圈球尤为有效。

图1-11 反胶胶皮　　　　图1-12 防弧胶皮

（三）乒乓球台

乒乓球台由两块长方形台桌组成，球台总长 2.74 米，宽 1.525 米，台面离地面 76 厘米，如图 1-13 所示。国际乒联规定乒乓球台面可用任何材料制成，要求球台表面的弹性应均匀一致，台面颜色应为均匀一致的暗色，无光泽，颜色一般是蓝色或绿色。

台面：乒乓球台的上层表面称为"台面"。

端线：台面两端长 152.5 厘米、宽 2 厘米的白线称为"端线"。

边线：台面两侧长 274 厘米、宽 2 厘米的白线称为"边线"。

中线：台面正中、与边线平行、宽 3 毫米的白线称为"中线"。

台区：台面被平行于端线的球网分开，划为两个形状、面积相等的"台区"。

（四）球网装置

球网装置包括球网、悬网绳、网柱及将它们固定在球台上的夹钳部分，如图 1-14 所示。球网悬挂在一根绳子上，绳子两端系在高 15.25 厘米的直立网柱上。网柱外缘离开边线外缘的距离为 15.25 厘米。

图 1-13　乒乓球台

图 1-14　乒乓球网

（五）比赛场地

正规的乒乓球比赛场地应为不少于 14 米长、7 米宽的长方形区域，高度不低于 5 米，四周可用长度不超过 1.5 米的挡板围起，将相邻的比赛场地及观众隔开。

（六）场地挡板

挡板应为长方形，比赛区域可由长度不超过 1.5 米的同一深色挡板围起，如图 1-15 所示。挡板一般由金属材质的长方形框架支撑，由较轻的防弹纤维布或泡沫板将框架覆盖，底部由可伸缩的支撑杆固定。挡板应轻便、稳固，使运动员在比赛中冲撞挡板时不致受伤。

乒乓球运动概述及基本知识 1

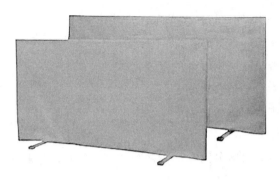

图 1-15　乒乓球挡板

（七）场地灯光

在冠以世界、奥林匹克和残疾人奥林匹克名称的比赛中，从比赛台面高度测得的照明度应不低于 1 000 勒克斯，且整个比赛台面的照明度应均匀，赛区其他地方的照明度不得低于 500 勒克斯。在其他比赛中，比赛台面的照明度不得低于 600 勒克斯，且整个比赛台面的照明度应均匀，赛区其他地方的照明度不得低于 400 勒克斯。使用多张球台时，每张球台的照明度应是一致的，比赛大厅的背景照明度不得高于比赛区域的最低照明度。光源距离地面不得少于 5 米，场地四周一般应为暗色，不应有明亮光源，如从未加遮盖的窗户或缝隙等透过的阳光。

二、乒乓球基本术语

（一）站位

运动员站立的位置叫站位。根据运动员所站立的位置与球台端线之间的距离，可将站位划分为近台、中台、远台、中近台和中远台，如图 1-16 所示。

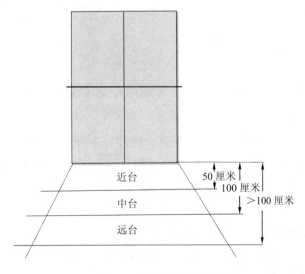

图 1-16　运动员的站位

近台：距离端线 50 厘米以内的范围；

中台：距离端线 50~100 厘米的范围；

远台：距离端线 100 厘米以外的范围；

中近台：介于中台与近台之间；

中远台：介于中台与远台之间。

（二）击球范围

半台：中线将每个台区分为左、右两个"半台"（依击球者方位而定），半台又称为"1/2 台"。

1/3 台：台区左侧 1/3 部分称为"左 1/3 台"，台区右侧 1/3 部分称为"右 1/3 台"。

2/3 台：台区左侧 2/3 部分称为"左 2/3 台"，台区右侧 2/3 部分称为"右 2/3 台"。

台区分布如图 1-17 所示。

（三）击球线路

击球线路是指击球点与落点之间连接线的投影线，包括正手斜线、正手直线、反手斜线、反手直线和中路直线 5 条基本击球线路（依击球者而定），如图 1-18 所示。

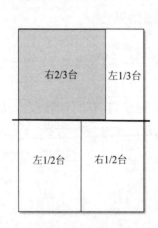

图 1-17 台区分布

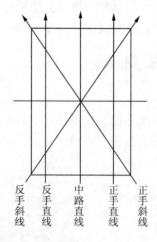

图 1-18 击球线路（以右手执拍为例）

（四）击球时间

击球时间是指击球时球拍触球的瞬间，球体在空间所处的时期。球从着台点反弹跳起至回落到地面（或台面）的整个过程，可分为上升期（上升前期和上升后期）、高点期、下降期（下降前期和下降后期），如图 1-19 所示。

上升前期：球从台面弹起后上升的最初一段时期；

上升后期：球继续上升至高点期的一段时期；

高点期：弹起的球接近最高点或处于最高点的一段时期；

下降前期：球从高点期回落下降的最初一段时期；

下降后期：球继续下降至地面（或台面）的一段时期。

（五）击球部位

击球部位是指击球时球拍触球的部位，一般可以分为上部、上中部、中上部、中部、中下部、下中部和下部，如图1-20所示。

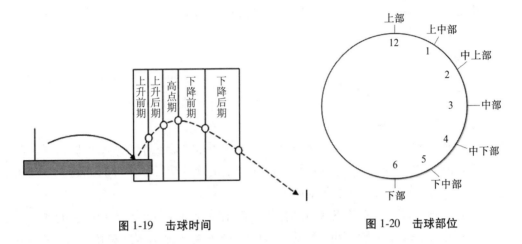

图1-19　击球时间　　　　　　图1-20　击球部位

（六）拍形

拍形是指击球时拍面所处的角度和方向。

1. 拍面角度

击球时拍面与球台水平面所形成的角度称为拍面角度。拍面角度大于90度时称为"后仰"，等于90度时称为"垂直"，小于90度时称为"前倾"，如图1-21所示。

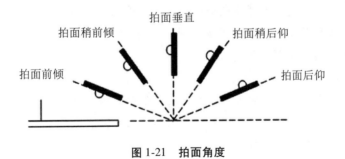

图1-21　拍面角度

2. 拍面方向

击球时拍面所朝向的方位称为拍面方向。拍面触球接近球的下部称为"拍面向上"，拍面触球接近球的上部称为"拍面向下"，拍面触球接近球的右侧部称为"拍面向左"，拍面触球接近球的左侧部称为"拍面向右"。

三、乒乓球五大技术要素

从击球的结果上讲，乒乓球的技术动作首先要保证击出的球越过或绕过球网装置,有一定的弧线;其次,击出的球要有质量,包括速度、力量、旋转和落点的变化。乒乓球的每一板球都会包含速度、旋转、弧线、力量和落点 5 个可以量化的技术要素,它们构成了一板球的技术质量,即竞技要素。

(一) 速度

速度是乒乓球比赛制胜的重要因素,"快"字当头,克敌制胜。提高速度也是技术提高和创新的关键。

1. 速度的构成

乒乓球运动中的速度的全过程包括从对方来球落到我方台面弹起开始,直到被我方回击后又落到对方台面为止。故速度是由还击来球所需时间和击球后球在空中的飞行时间两方面因素决定的。

(1) 还击来球所需时间是指来球从本方球台下落弹起至本方运动员回击来球触球的瞬间为止的一段时间。这段时间的长短决定击球的快慢,击球时间越早,还击来球所需要的时间越短,反之则越长。

(2) 击球后球在空中的飞行时间是指球离拍瞬间至球落到对方台面瞬间的一段时间,主要与击球力量有密切的关系,击球力量越大(挥拍速度越快),球飞行的时间越短,反之则越长。

2. 提高速度的方法

(1) 站位近台,缩短击球后球在空中的飞行时间。

(2) 减小动作幅度,引拍距离尽可能小。

(3) 在上升期击球,缩短还击时间。

(4) 加快挥拍速度,提高球在空中飞行的速度。

(5) 适当降低弧线高度,缩短球的飞行时间。

(6) 触球时加速,出手要快。

(二) 旋转

在现代乒乓球运动中,旋转越来越引起人们的重视,了解乒乓球旋转产生的原因和各种旋转球的规律,可有效地提高运用和控制旋转球的能力。

1. 乒乓球产生旋转的原因

击球时,力的作用线(F) 不通过球心是使乒乓球产生旋转的根本原因。如果力的作用线通过球心(O),球只产生向前的平动,而不会产生旋转。当力的作用线不通过球心,且与球心有一定的垂直距离(力臂,L),作用力(F) 便可分解为垂直于拍面的分力 f 和平行于拍面的分力 s,分力 f 使球产生平动,是前进力,分力 s 使球转动,是摩擦力,如图 1-22 所示。

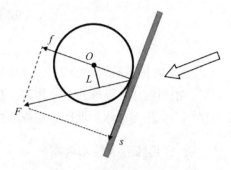

图 1-22 力的作用线不通过球心

2. 旋转球的分类

当乒乓球旋转时，会呈现出一条通过球心的旋转轴。击球时由于击球部位和用力方向的不同，可产生多种旋转，但基本围绕着 3 条基本转轴而变化，由此可以将乒乓球的旋转分为上旋与下旋（左右轴）、左侧旋与右侧旋（上下轴）、顺旋与逆旋（前后轴）6 种。

（1）左右轴（横轴）是指通过球心与球台端线相平行的轴。围绕左右轴向上旋转为上旋球，向下旋转为下旋球。

（2）上下轴（竖轴）是指通过球心与台面相垂直的轴。围绕上下轴向左侧旋转为左侧旋球，向右侧旋转为右侧旋球。

（3）前后轴（纵轴）是指通过球心与球台边线（或中线）相平行的轴。按顺时针方向旋转为顺旋球，按逆时针方向旋转为逆旋球。

3. 增强旋转的方法

（1）击球时，使力的作用线远离球心，增大力臂。

（2）增加挥拍击球力量，以增大对球的摩擦力。

（3）选用黏性大的球拍，以增大搓球或拉球的摩擦力。

（4）增加球拍与球的摩擦时间，有利于加大球的旋转度。

（三）弧线

乒乓球的击球弧线是指球被击出后在空中飞行的轨迹连线。在一次合法击球中，球的弧线由第一弧线（出手弧线）和第二弧线（反弹弧线）组成，如图 1-23 所示。第一弧线是指球被球拍击出后，到落在对方台面为止的飞行路线，由弧高、打出距离、弧线弯曲度和弧线方向组成。弧高是指弧线的最高点与台面所形成的高度，打出距离是指击球点与落点之间的水平距离，弧线方向是以击球者为准，主要指向左、向右的方向。第二弧线是指球从对方台面弹起直至碰到其他物体（球拍、地面等）为止的这段飞行路线。

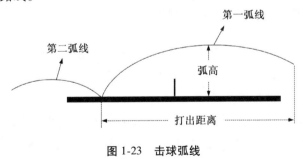

图 1-23 击球弧线

（四）力量

在乒乓球比赛中，击球力量越大，球速就越快，在战术上就越能取得主动，从而获得更多的得分机会。击球力量对于提高击球速度、制造和克服旋转、提高击球的质量有着重要的作用。击球力量是通过球拍作用于球体而体现出来的。触球时，球拍的瞬时速度越大，则击球力量越大；反之则越小。球拍瞬时速度与挥拍加速度和击球距离有密切的关系。

提高击球力量的一般方法：

（1）选择合理的站位，使身体与击球点保持一定的加速距离，有利于加快挥拍速度。

（2）击球前要充分引拍，同时使手臂、腰等各部分的肌肉得以拉长，加快肌肉收缩速度，全身各部位肌肉要协调用力。一次击球后，应迅速还原，为下一板球发力做好准备。

（3）发力顺序应正确，遵循大关节带动小关节的顺序，腿、脚配合躯干，腰带动上臂，上臂带动前臂，同一方向协调发力。

（4）击球瞬间应有爆发力，球拍击球制动前达到最大挥拍速度。

（5）在体能训练中，加强专项快速力量的练习，提高击球爆发力。

（五）落点

击球落点是指球的着台点，通常可以将球台划分为9个区域，以本方运动员的站位来看，1—3分别为正手长球、中路长球和反手长球，4—6分别为正手半长球、中路半长球和反手半长球，7—9分别为正手短球、中路短球和反手短球，如图1-24所示。

击球落点的变化对乒乓球比赛的制胜起着极其重要的作用，大部分的战术是与落点（线路）密切相关的。击球落点可以扩大对方的跑动范围，调动对手在前后左右的移动，增加对方让位和击球的难度，压制对方的特长技术或回击对方的薄弱环节等。在技术练习时一定要有落点意识，提高对落点的控制能力。

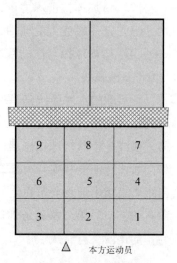

图1-24 击球落点

具体方法有：

（1）固定落点练习。在基础技术练习时，要求运动员将球回击到规定区域。

（2）规律变化落点练习。按照一定的规律变化落点练习，如正手两点、正手三点、遇直变斜、缝斜变直等。

（3）先定点练习再不定点练习。先让运动员进行定点练习，待其熟练后改为不定点练习，以适应比赛中不同的落点变化，如半台不定点、2/3台不定点等。

（4）力量和柔韧性练习。加强力量和柔韧性练习，提高腕关节的力量和灵活性，以便更好地控制拍面。

四、乒乓球击球的基本环节

乒乓球每一次的击球过程,都包括准备、判断、移位、击球和还原 5 个基本环节。

(一) 准备

乒乓球选手击每一板球前都要有所准备。这里的准备包含两方面的内容:一是身体方面的准备,包括站位、身体姿势等;二是心理方面的准备,紧盯对方,时刻准备回击来球。

(二) 判断

判断来球决定着脚步移动的方向和还击的方法,包括判断来球的速度、旋转、力量、线路和落点,要特别注意观察对方击球时球拍触球瞬间的动作。同时,还应把自己上次回球的旋转、落点、速度等情况考虑进去,以便对来球进行一定的预判。

(三) 移位

移位的目的是要取得有利的击球位置。由于乒乓球的速度快,变化复杂,击球技术多样,因而在完成移位时要反应快,判断准确,选择还击技术果断,及时起动,步法与手法协调配合。

(四) 击球

击球是基本结构中的核心环节,在击球过程中,要特别注意击球动作、击球点、击球距离、击球部位、触拍部位、用力方向和力量的运用。

1. 引拍

引拍是指迎球挥拍之前,为拉开击球距离而顺着来球方向所做的摆臂动作。引拍的作用主要在于保证击球时能够更好地发力。引拍动作的正确与否,直接影响着击球动作及击球质量。引拍是否及时,是能否掌握合理击球点的重要条件;引拍是否充分,是能否发挥击球力量的重要因素。

2. 迎球挥拍

迎球挥拍是指从引拍结束到击中来球前这段过程的动作。挥拍动作的正确与否,对回球的准确性和击球的质量均具有较大的影响。挥拍的方向决定回球的旋转性质,并影响回球的飞行弧线与击球线路。挥拍的速度决定击球力量的大小,从而影响球速的快慢、旋转的强弱。

3. 球拍触球

球拍触球是指球拍与球体相触及时的动作,是整个击球动作中的核心部分。球拍触球时的击球点、击球时间、拍面角度、拍面方向、触拍部位、用力方向、发力大小等,直接决定着回球的出球角度、出球速度和旋转性质。

4. 随势挥拍

随势挥拍是指球拍触球后顺势前送的那一段动作,它有助于在击球结束阶段保证击球动作的完整性、协调性和稳定性。

（五）还原

每次击球后都必须迅速还原，及时恢复击球前的基本姿势和基本站位，做好再次击球的准备。基本姿势的还原包括身体重心和执拍手两方面的还原。身体重心的还原是指击球结束后，承受重心的腿应像被压紧后反弹的弹簧一样将身体重心"反弹"回去。执拍手的还原是指击球后手要迅速放松，要注意还原动作的简捷、实用。

复习思考题

1. 简述乒乓球运动的起源及发展历程。
2. 阐述乒乓球的五大技术要素。
3. 简述乒乓球拍的种类及其特点。

"红双喜"的由来

容国团，中国乒乓球乃至中国体育界的第一个世界冠军。1937年他出身于香港的一个工人家庭，籍贯是中山市南屏镇（今珠海市香洲区南屏镇）。1957年2月，容国团代表工联会参加了全港乒乓球赛，夺得男团、男单和男双冠军。1958年4月，容国团在广东省体育工作者跃进誓师大会上表示，要3年内取得世界乒乓球锦标赛男子单打冠军。然而在当时，获得世界冠军对于中国人来讲几乎是无法想象的。1959年，第25届世乒赛在联邦德国的多特蒙德举行，容国团夺得男单冠军，为中国夺得体育比赛中的第一个世界冠军。回国后，党和

乒乓球运动概述及基本知识

国家领导人接见了乒乓球代表团成员。周总理将容国团夺冠和十周年国庆视为1959年的两件大喜事,并将中国首次生产的乒乓球命名为"红双喜",此后"乒乓球热"迅速在全国兴起。

思想点睛

容国团为新中国拿到了第一个世界冠军后,21岁的容国团也受到了"民族英雄"般的礼遇——时任国务院副总理的贺龙亲自到机场接机、献花;毛主席多次接见;每逢外宾来访,他更是参加国宴的常客。同时,这也改变了乒乓球项目在中国体育界的地位,乒乓球自此被奉为"国球",渐渐成为民族情感的寄托,成为国家体育运动的象征。

第二章 乒乓球技术与战术

本章提要

本章对乒乓球运动的基本技术和战术进行了介绍。第一节至第八节介绍了乒乓球技术的内容，包括基本站位和准备姿势、握拍法、发球技术、接发球技术、进攻型技术、控制和防御型技术、步法和结合技术。第九节介绍了乒乓球的基本战术，第十节介绍了乒乓球双打的相关内容。本章在讲述技术动作时配备了图片及二维码视频学习资料，学生通过学习能够详细、系统地了解乒乓球各类技术和战术的特点、作用及动作要领。

第一节 基本站位和准备姿势

一、基本站位

（一）站位的特点与作用

站位是指运动员与球台之间所处的位置。运动员的站位对技战术水平的发挥有着直接影响，正确的站位有利于保持合理稳定的击球姿势和向任何一个方向快速移动的能力。根据自身的打法特点，每个运动员的基本站位都有所不同，合理的站位可以提高回击来球的反应速度和位移速度，并提高运动员击球的命中率和击球质量。

（二）常见的基本站位

根据运动员的打法类型、身高特点等，现代乒乓球比赛中常见的基本站位主要有以下三种：

（1）中近台站位（图2-1）。这种站位常见于大部分弧圈进攻型打法的运动员，站位在中近台偏左或偏右的位置（偏向非执拍手一侧），有利于及时抢攻。

（2）中台站位（图2-2）。此站位适合削攻结合打法的运动员，基本站位在中台位置。

图 2-1　中近台站位　　　　图 2-2　中台站位

（3）中远台站位。以削为主的运动员的站位大多在中远台位置。

二、准备姿势

运动员在每一次击球之前，均应使身体保持正确的基本姿势，这有利于脚蹬地用力和腰、躯干各部位的协调配合与迅速起动。

正确的准备姿势要领：两脚平行站立，略比肩宽，重心置于两脚之间，上体前倾，收腹含胸，两膝微屈并内扣，前脚掌内侧着地，提踵。执拍手和非执拍手均应自然弯曲置于体侧，前臂、手腕、手指自然放松，使拍面成半横状置于腹前，如图2-3所示。

图 2-3　运动员准备姿势

第二节　握拍法

乒乓球握拍方法主要有横拍握法和直拍握法两种。横拍握法是欧洲人的传统握法，直拍握法是由亚洲人发明并传承的。正确的握拍法对调整击球时的引拍位置、拍形角度、拍面方向、发力方向等都有重要作用，每次击球瞬间的用力都要借助手腕和手指完成。每个人可根据不同的技术特点选用握拍方法，握拍方式不是一成不变的，而是需要根据个人特点进行微调。我们在乒乓球教学训练中发现，对于技术动作错误，经常可以在握拍方法上找出原因。所以在进行乒乓球技术学习时，一定要注意握拍方法，随意地握拍而不考虑握拍方法的合理性，不利于正确掌握技术动作。

一、横拍握法

（一）横拍握法的要领

握拍时虎口压住球拍右上肩，中指、无名指和小指自然地握住拍柄，拇指在球拍的正面轻贴于中指旁边，食指自然伸直斜贴在球拍的背面。深握时，虎口紧贴球拍；浅握时，虎口轻微贴拍。横拍握法如图2-4所示。

横拍握法

图2-4 横拍握法

（二）横拍握法的优缺点

（1）优点：方法简单，动作易固定，且手指、手掌与球拍的接触面积稍大，握拍相对稳定，左右的控球范围也较大，正反手都容易发力。

（2）缺点：手腕的灵活性相对差一些，正手处理台内球和发球的变化不及直拍，中路球较弱。

二、直拍握法

（一）直拍握法的要领

根据打法的不同，直拍握拍法可分为直拍推挡握法和直拍横打握法两种，两者稍有不同。

1. 直拍推挡握法

食指和拇指自然弯曲，食指的第二指关节和拇指的第一指关节分别压住球拍的两肩，食指与拇指间的距离要适中（一般一指宽距离）。中指、无名指、小指自然弯曲重叠，中指的第一指关节侧面顶在球拍背面约1/3处。直拍推挡握法如图2-5所示。

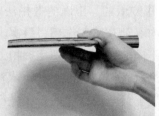

图2-5 直拍推挡握法

2. 直拍横打握法

与直拍推挡握法相比，直拍横打握法的不同主要表现在：握拍时，拇指的位置相对比较直，食指比较松，中指、无名指和小指略伸开些，用中指和无名指的指端顶住球拍。这种握法有利于发力及控制拍形，并且便于反面的发力。直拍横打握法如图 2-6 所示。

直拍横打握法

图 2-6　直拍横打握法

（二）直拍握法的优缺点

（1）优点：五指紧贴拍面，触球感觉好；手指与手腕灵活，易于调节拍形角度和拍面方向，在发球变化、接台内球和处理近身球方面相对有利。

（2）缺点：护台面积小，反手不易发力，反手击球质量不高。

第三节　发球技术

乒乓球的发球技术是唯一不受对方来球制约的技术，可使运动员按自己的战术意图发出不同旋转、不同落点的球，是乒乓球比赛中创造得分机会的主要技术。发球的方式多种多样：从旋转来划分，可分为平击发球、奔球、转与不转发球、侧上发球、侧下发球等；从方位来划分，可分为正手发球、反手发球和侧身发球；从形式来划分，可分为低抛发球、高抛发球、下蹲式发球等。

一、正手平击发球

1. 特点与作用

正手平击发球动作简单，速度一般，力量较轻，略带上旋，技术容易掌握，是初学者需要掌握的最基本的发球方法，也是掌握其他复杂发球方法的基础。

2. 技术要领

（1）站位：身体离球台约 40 厘米，两脚开立，左脚稍前，右脚在后，身体略向右转。

（2）引拍：左手将球向上抛起，同时右手向右后方引拍，使拍面稍前倾。

（3）击球：当球从高点下降至稍高于球网时，击球中上部，向左前方发力。

（4）还原：发球后，迅速还原至站位。

技术动作如图 2-7 所示。

3. 技术关键点

执拍手与非执拍手协调配合，找到合理击球位置与击球点。

正手平击发球

图 2-7　正手平击发球

二、反手平击发球

1. 特点与作用

反手平击发球的特点和作用与正手平击发球类似，但技术动作差异很大。

2. 技术要领

（1）站位：右脚稍前，左脚在后，身体略向左转，收腹。

（2）引拍：左手将球向上抛起，同时右手向左后方引拍，使拍面稍前倾。

（3）击球：当球从高点下降至稍高于球网时，击球中上部，向右前方发力。

（4）还原：发球后，迅速还原至站位。

技术动作如图 2-8、图 2-9 所示。

直拍反手平击发球

图 2-8　直拍反手平击发球

横拍反手平击发球

图 2-9　横拍反手平击发球

3. 技术关键点

执拍手与非执拍手协调配合，注意球拍不要向前下方切击使球产生急下旋。

三、正手发奔球

1. 特点与作用

正手发奔球的速度快、落点长、角度大、冲力强、飞行弧线低。对初学者来说，正手奔球是一种比较有威胁性的发球。

2. 技术要领

（1）站位：站位近台，左脚稍前，右脚在后，身体略向右转，收腹。

（2）引拍：左手将球向上抛起，同时右手向右后方引拍，使拍面稍前倾，前臂手腕自然下垂。

（3）击球：击球中上部，触球一瞬间拇指压拍，运用手腕爆发力将球击出。

（4）还原：发球后，迅速还原至站位。

技术动作如图 2-10 所示。

正手发奔球

图 2-10　正手发奔球

3. 技术关键点

控制好拍面，注意发球的两个落台点；合理利用手腕爆发力。

四、反手发奔球

1. 特点与作用

反手发奔球的特点和作用与正手发奔球类似，常用来牵制对方。

2. 技术要领

（1）站位：站位近台，右脚稍在前，左脚在后，身体略向左转，收腹。

（2）引拍：左手将球向上抛起，同时右手向左后方引拍，使拍面稍前倾，上臂自然靠近身体左侧。

（3）击球：击球中上部，触球一瞬间前臂加速向前上方横摆，手腕控制球拍加力，腰部配合向右转动。

（4）还原：发球后，迅速还原至站位。

技术动作如图 2-11、图 2-12 所示。

图 2-11　直拍反手发奔球

直拍反手发奔球

横拍反手发奔球

图 2-12　横拍反手发奔球

3. 技术关键点

控制好拍面，注意发球的两个落台点；合理利用腰部力量。

五、正手发下旋转与不转球

1. 特点与作用

正手发下旋球与不转球的特点是球速较慢、前冲力小、发球动作相似，但旋转反差极大。其具有较大的迷惑性与欺骗性，容易使对方接发球失误或出高球，可以为抢攻创造机会。

2. 技术要领

（1）站位：左脚稍前，右脚在后，身体略向右转。

（2）引拍：左手将球向上抛起，同时右臂向右后上方引拍。

（3）击球：发下旋转球时，前臂加速向前下方发力，同时手腕加力，身体微向前压，以球拍下半部触球，击球中下部向底部摩擦；发不转球时，减小拍面后仰角度，以球拍上半部触球，击球中部或中下部，减少摩擦，将球向前推出，使作用力线接近球心，从而形成不转球。

（4）还原：发球后，迅速还原至站位。

技术动作如图 2-13 所示。

正手发下旋转与不转球

图 2-13　正手发下旋转与不转球

3. 技术关键点

掌握正手发下旋转与不转球的不同击球位置及发力要领；发球假动作尽量逼真，旋转的反差要大，尽量发挥"转或不转"的迷惑性。

六、反手发下旋转与不转球

1. 特点与作用

反手发下旋转与不转球的特点和作用与正手相同，一般横拍选手多采用此种发球技术。

2. 技术要领

（1）站位：站位近台，右脚稍前，左脚在后，身体略向左转，收腹。

（2）引拍：左手将球向上抛起，同时右手向左后方引拍，使拍面稍后仰，同时身体向左侧适当转动，以便于发力。

（3）击球：发下旋加转球时，前臂加速向右前下方发力，以球拍下半部触球，击球中下部向底部摩擦；反手发不转球与正手发不转球的要领相同。

（4）还原：发球后，迅速还原至站位。

技术动作如图 2-14 所示。

反手发下旋转与不转球

图 2-14　反手发下旋转与不转球

3. 技术关键点

掌握反手发下旋转与不转球的不同击球位置及发力要领；发球假动作尽量逼真，旋转的反差要大，尽量发挥"转或不转"的迷惑性。

七、正手发侧上（下）旋球

1. 特点与作用

侧上（下）旋发球具有混合旋转的性质，在旋转和速度方面可进行多重组合变化。以发左侧上（下）旋球为例，飞行弧线向对手的左侧偏拐，对方回球向其左侧上（下）反弹。以近似手法发出两种不同的旋转球，能起到迷惑对方的作用，是较为常用的发球技术。

2. 技术要领

（1）站位：站位近台左半台，左脚在前，右脚在后，身体右转，侧对球台。

（2）引拍：左手将球向上抛起，同时右手向右上方引拍，腰部略向后转。

（3）击球：球拍向前下方挥动，腿和腰腹用力带动手臂，触球时手腕、手臂发力。发侧上旋球时，击球中部向左侧上方摩擦，可微勾手腕以加强上旋；发侧下旋球时，击球中下部向左侧下方摩擦，腰部配合转动。

（4）还原：发球后，迅速还原至站位。

技术动作如图 2-15、图 2-16 所示。

直拍正手发侧上（下）旋球

图 2-15　直拍正手发侧上（下）旋球

横拍正手发侧上（下）旋球

图 2-16　横拍正手发侧上（下）旋球

3. 技术关键点

要充分发挥身体转动的力量；无论发侧上还是侧下旋球，触球时动作尽量一致，发力要集中。

八、反手发侧上（下）旋球

1. 特点与作用

反手发侧上（下）旋球的特点与作用与正手相同。以反手发右侧上（下）旋球为例，飞行弧线向对手的右侧偏拐。以近似手法发出两种不同的旋转球，能起到迷惑对方的作用。

2. 技术要领

（1）站位：右脚稍前，左脚在后，身体略向左转收腹。

（2）引拍：左手将球向上抛起，同时右手向左后方引拍，腰部略向左转动。

（3）击球：以身体重心转换带动手臂、手腕发力，腰部配合向右转。发侧上旋球时，击球中部，向右侧上方摩擦；发侧下旋球时，击球中下部，向右侧下方摩擦。

（4）还原：发球后，迅速还原至站位。

技术动作如图 2-17 所示。

反手发侧上（下）旋球

图 2-17　反手发侧上（下）旋球

3. 技术关键点

要充分发挥身体转动的力量；无论发侧上还是侧下旋球，触球时动作尽量一致，发力要集中。

九、高抛发球

1. 特点与作用

高抛发球是1964年中国选手发明的一种发球技术，一般要将球抛高达2~3米。高抛发球可以利用重力造成的球体加速度，增大球与拍面接触时的合力，从而加快出手的速度，提高出球的突然性和旋转。另外，高抛发球还可以改变发球的节奏。

2. 技术要领［以高抛发左侧上（下）旋球为例］

（1）站位：站位为左半台，左脚在前，右脚在后，身体向右转，侧对球台。

（2）引拍：左手用力将球向上抛起至2~3米，同时右手向右上方引拍。由于高抛球下落的时间长，因而可以加大引拍幅度。

（3）击球：球拍向左前方挥动，腰部配合向左转，发左侧上旋球时，击球中部，向左侧上方摩擦；发左侧下旋球时，击球中下部向左侧下方摩擦；发侧身高抛球时，更多地借助腰部转动辅助发力。

（4）还原：发球后，迅速还原至站位。

技术动作如图2-18所示。

高抛发球

图2-18　高抛发球

3. 技术关键点

如果抛球高度较高，引拍击球的位置要找准；高抛发球要更多地借助全身的力量。

十、下蹲发球

1. 特点与作用

下蹲发球时，摩擦球的部位和方向与其他发球技术有较大的区别，发出的球具有强烈的旋转变化，所以往往会使对方感到不适应。下蹲发球多为横拍运动员所采用，在比赛关键点采用往往会有较好的战术效果。

2. 技术要领［以下蹲发正手上（下）旋球为例］

（1）站位：一般站位为左半台，左脚稍前或两脚平行开立，身体向右偏斜。

（2）引拍：左手将球向上抛起，同时做下蹲姿势，右手向右肩上方引拍，拍面略向左偏斜。

（3）击球：当球下降至头部上方时，前臂加速挥动，击球中部向右侧上方摩擦，此为右侧上旋球。发下蹲正手右侧下旋球时，击球中下部向右侧下方摩擦。

（4）还原：发球后迅速站起来，并还原至站位。

技术动作如图2-19所示。

下蹲发球

图2-19　下蹲发球

3. 技术关键点

下蹲发不同旋转球时，要注意不同的触球部位和用力方向；发球后要迅速还原。

第四节　接发球技术

乒乓球比赛是从发球和接发球开始的，每局接发球的机会与发球相同，约为10~15次。比赛中如能在接发球阶段掌握主动，则能在整个比赛中占到先机，所以接发球是乒乓球技术的重要组成部分。与乒乓球其他技术不同的是，接发球技术实质上是各项技术在接发球时的综合运用，主要包括摆短、搓球、挑打、拉冲、削球、劈长、反手拧拉等。决定接发球技术好坏的主要因素有站位的选择、判断来球和回击三个方面。

一、站位的选择

站位的选择是决定是否可以合理接发球的关键，运动员必须根据对方发球的站位来合理选择自身接发球的站位。如对方站位在正手半台，则对方极有可能发右斜线急球，此时接发球的站位应为中间偏右一些；如对方的站位在反手位或侧身位，则接发球的站位也应偏左一些。此外，站位的选择要保证自身技术特长的发挥，如直接抢攻等。总之，接发球站位的选择，既要考虑对方的来球变化，又要保证个人技术特长的发挥。

二、判断来球

发球是唯一不受对方控制的技术，发球的旋转可以根据运动员的战术意图而变化，所以接发球时正确地判断来球的旋转、速度和落点是接好发球最重要的环节。

（一）对旋转的判断

对旋转的判断主要是通过观察对方发球时的拍形、动作轨迹、弧线和动作速度来进行。

（1）拍形：一般情况下，发上旋球时，拍形比较直，以便使球拍从球体的中下部向侧上方摩擦；发下旋球时，拍形比较平、斜，使得球拍能够摩擦球体的底部。

（2）动作轨迹：发上旋和不转球时，球与球拍接触的一瞬间，手腕摆动的幅度不是很大，并时常与假动作配合；在发侧下旋和下旋球时，手腕摆动相对大一点，容易"吃住"球，击球后常有一个停顿，即使加上假动作，也不会像发侧上旋和不转球那样连贯。

（3）弧线：上旋球和不转球的运行一般较快，常有往前"窜拱"的感觉，发短球时容易出台，弧线低平；下旋球运行比较平稳，弧线略高，发短球不容易出台。

（4）动作速度：发上旋球和不转球一般动作较快，而且动作模糊，球拍几乎不摩擦球；发下旋球的动作相对要慢一些，以便产生足够的摩擦。

（二）对落点的判断

来球的落点取决于对方击球的力量、方向和旋转。根据长短不同，来球可分为长球、短球和半出台球。

（1）对长球的判断：对方发长球时，第一落点多在台面的端线附近，在同等条件下，侧上旋和不转球的速度明显要快于侧下旋和下旋球。另外，侧上、侧下旋斜线长球的第二弧线有侧拐的特点。

（2）对短球的判断：对方发短球时，第一落点约在中、近网区附近，手上的发力动作稍小，所以短球的速度相对较慢，主要是考虑球的落点和旋转。

（3）对半出台球的判断：半出台球的判断难度比较大，是一种比较困难的接发球。在判断这种球时，一是根据其旋转的性质，侧上旋和不转球比下旋和下旋球容易出台；二是根据发球者的特点，要仔细观察对方发球的击球动作来判断来球性质。

三、回击的主要方法

接发球的回击方法有很多，基本是点、拨、推、拉、搓、挑等各种技术的组合。

对于优秀的乒乓球运动员来说，他们可以根据自己的打法特长，打破常规，提高接发球质量。只有比较全面地掌握各种接发球的方法，才能变被动为主动，获得制胜先机。接发球的方法主要有以下几种。

（一）搓球

搓球动作小、出手快、稳定性高、隐蔽性强，一般多用于接短球。在长期的实践中，这一技术又有了细致的分类，有慢搓、快搓、摆短、劈长等。其中，摆短是快搓短球的一种方法，其特点是出手快，突然性强，能有效限制对手的拉、攻上手。劈长是指快搓底线长球，它常和摆短配合运用，以速度和突然性取胜。在劈长时，尽可能与摆短的动作相似，以小臂发力为主，手腕摆动不要过大。

（二）挑打

挑打是台内进攻的一种方法，在接发球时可以变被动为主动，转入进攻。挑打可分为正手挑和反手挑，实践中，横拍运动员和直拍横打运动员运用反手挑的机会比较多。

（三）拧拉

拧拉可以用来对付下旋、上旋和不转球台内球。拧拉出去的球带有左右侧上旋或侧下旋，且手法较为隐蔽，出手快，落点范围广，因而常令对方发球后很难直接抢拉，为后续主动进攻争取机会。

（四）削球

削球是削球打法运动员常用的一种接发球方法，由于其击球点常常在球下降期，因此稳定性好，旋转变化多，但是球速较慢。

（五）拉冲

拉冲是一种比较积极主动的接发球方法，一般是用来对付长球的，其特点是速度快、力量大、球旋转性强。拉冲时要注意击球时间，尽可能在高点期之前击球，初学者可以在下降期多练习，以找到摩擦加旋转的感觉。

第五节　进攻技术

一、正手技术

（一）正手快攻

1. 特点与作用

正手快攻的特点是站位近、动作小、出手快，借来球的反弹力还击，与落点变化相结合，可调动对方，为扣杀创造条件。

2. 技术要领

（1）站位：左脚在前，右脚稍后，两脚略比肩宽。

（2）引拍：手臂自然弯曲并做内旋，使拍面稍前倾，前臂横摆引至身体右侧方，身体略向右转。

（3）击球：右脚稍用力蹬地，髋关节略向前转动，腰向左转，上臂带动前臂快速向左前方挥动迎球。当来球跳至上升期（或高点期），拍面稍前倾击球中上部，触球瞬间前臂迅速收缩，以向前打为主，略带摩擦，手腕辅助发力。

（4）还原：攻球后随势挥拍，并迅速还原。

技术动作如图 2-20、图 2-21 所示。

直拍正手快攻

图 2-20　直拍正手快攻

横拍正手快攻

图 2-21　横拍正手快攻

3. 技术关键点

引拍时应该以肘关节为轴，动作不要太大；击球时保持拍面前倾，不要有翻腕动作；击球时注意重心交换及全身的协调配合。

（二）正手突击

1. 特点与作用

正手突击出手快、动作小、突然性强，有较大的力量，具有较强的攻击力，在对付下旋球时具有主动的进攻作用，是我国传统直拍正胶打法的一项独有技术。

2. 技术要领

（1）站位：左脚在前，右脚稍后，两脚略比肩宽，身体重心要略低。

（2）引拍：手臂自然弯曲并做内旋，使拍面稍前倾，前臂横摆引至身体右侧方，身体略向右转。

（3）击球：突击时必须在高点期（或上升后期）触球，以前臂发力为主，借助一定的上臂、腰、髋力量向前击出，要有爆发力。当球下旋强烈时，拍面稍后仰，击球中下部，增加摩擦时间，提高弧线高度。手腕除辅助发力外，稍带摩擦动作，帮助制造弧线和控制落点。

（4）还原：突击后随势挥拍，并迅速还原。

技术动作如图 2-22、图 2-23 所示。

图 2-22　直拍正手突击

图 2-23　横拍正手突击

3. 技术关键点

突击时要控制好力量，通常情况下以中等力量为主；注意拍形和制造必要的弧线，提高命中率。

（三）正手扣杀

1. 特点与作用

正手扣杀的动作幅度大，具有力量重、球速快、威胁大的特点，通常在对方回接出半高球时运用,是比赛中得分或压制对方攻势的有效进攻手段。

2. 技术要领

(1) 站位:左脚稍前,右脚在后,站位应根据来球的落点而定。

(2) 引拍:手臂自然弯曲并做内旋,使拍面稍前倾,随着腰、髋的转动,整个手臂后拉,将球拍引至身体右后方,适当加大引拍距离。

(3) 击球:腿用力蹬地,腰、髋左转,带动手臂向前击球。当来球跳至高点期(位置合适时可在上升期),上臂带动前臂同时加速向左前下方发力,拍面前倾击球中上部,撞击为主,略带摩擦(近网球除外)。来球不转或带上旋时,球拍位置应略高于来球。

(4) 还原:扣杀后,随势挥拍,并迅速还原。

技术动作如图 2-24、图 2-25 所示。

图 2-24　直拍正手扣杀

图 2-25　横拍正手扣杀

3. 技术关键点

根据来球及时调整引拍距离;击球时腰、髋和腿协调配合用力。

(四) 正手杀高球

1. 特点与作用

正手杀高球动作大、力量重,主要用于进攻肩以上高度的来球,往往能够直接得分。

2. 技术要领

(1) 站位:左脚在前,右脚在后,身体离台略远。

（2）引拍：手臂做内旋，使拍面前倾，整个手臂随着腰、髋的向右转动而尽量向身体右后方引拍，以增大球拍与来球的距离，最大限度地发挥击球力量。

（3）击球：随着右脚蹬地转换重心，腰、髋向左转动，整个手臂先由后下方向前上方挥摆，身体重心逐渐上升并开始向左脚转移，随后手臂加速向左前下方挥动，腰、髋同时配合发力，拍面前倾击球中上部。

（4）还原：扣杀后，随势挥拍，并迅速还原。

技术动作如图 2-26 所示。

正手杀高球

图 2-26　正手杀高球

3. 技术关键点

当来球很高时，不宜在球跳至最高点时击球；前臂不要沉得太低，以免压不住来球而击球出界。

（五）正手弧圈球技术

1. 特点与作用

弧圈球是一项适应性很强的技术，兼顾进攻、相持与防守，具有球速快、旋转强等特点，可以在各个时间点和位置击球，是对付搓球、发球、削球，以及进行攻防转换的最有效的技术。其中正手弧圈球力量大、速度快，与反手弧圈球相比更具威胁性，是弧圈球技术中最为重要的进攻型技术。

2. 技术要领

（1）站位：两脚开立，左脚在前，右脚稍后。

（2）引拍：腰、髋略向右转动，重心置于右脚掌略靠前外侧，将球拍向后斜下方引至身体右侧腰部下方稍后处，手臂放松，肘关节夹角保持在 150 度～170 度之间，拍形前倾。

（3）击球：右脚外前侧向左前上方蹬地，髋关节要适当前转，腰部发力带动挥臂，腰腹收紧使发力集中，挥拍从右后下方到左前上方划弧，摩擦球的中上部。前臂和手腕在即将触球时迅速内收，手指在触球瞬间突然握紧球拍。直握球拍者同时注意中指顶板，以帮助发力摩擦来球。

（4）还原：击球后，手臂继续顺势挥动，把身体重心转移到左脚上，然后迅速还原。

技术动作如图 2-27、图 2-28 所示。

图 2-27　直拍正手弧圈球

图 2-28　横拍正手弧圈球

3. 技术关键点

（1）全身协调发力，最后作用于球拍触球的瞬间。

（2）要根据来球的旋转与高度，调整拍形角度和引拍的位置。若来球下旋强烈或弧线较低，引拍位置稍低；反之，则主要向侧后方引拍。

（3）在保证必要弧线的前提下，击球时可增加撞击的力度以加强球的前冲力。

（六）反拉弧圈球

1. 特点与作用

在现代乒乓球比赛中，弧圈球是应用最多的一项技术，尤其是正手反拉弧圈球。

2. 技术要领

反拉弧圈球的技术与正手弧圈球类似，但由于来球速度快、旋转强，因此击球时应注意：

（1）身体重心和手臂要适当抬高，引拍动作不宜太大。

（2）在来球高点期击球的中上部，如在近台快速反拉时，可击球的上部。

（3）拍面前倾，以摩擦为主，手腕向前发力，略带向上。

（4）触球瞬间手腕快速前挥，以抵消来球旋转给球拍造成的反弹力。

技术动作如图 2-29 所示。

反拉弧圈球

图 2-29　反拉弧圈球

3. 技术关键点

根据来球速度和位置引拍，及时让位；触球瞬间"包"球前迎。

（七）正手挑打

1. 特点与作用

正手挑打具有动作小、球速快、突然性强的特点，可以在接发球时使用，也可以在摆短控制的过程中使用，是还击台内球以争取主动进攻的一项技术。

2. 技术要领

（1）站位：用单步或跨步移动到右前方，靠近球台。

（2）引拍：前臂前迎带动手腕外展，拍形稍立起，将重心移至右脚。

（3）击球：身体前迎，向前下方快速挥拍，在来球高点期击球，触球中下部，击球时注意运用手指、手腕的力量。

（4）还原：击球后身体快速还原。

技术动作如图 2-30 所示。

正手挑打

图 2-30　正手挑打

3. 技术关键点

步法到位及时，选位合理；击球时运用手指、手腕的爆发力。

二、反手技术

（一）反手快拨

1. 特点与作用

反手快拨动作小、出手快、线路活、稳定性好，常借反弹力还击，但攻击性和威胁性一般，是两面攻运动员最基本的反手技术。

2. 技术要领

（1）站位：两脚平行开立，站位较近。

（2）引拍：手臂自然弯曲并做外旋，使拍面前倾，手腕内收和屈，将球拍引至腹前位置。

（3）击球：前臂加速挥动并外旋，手腕外展，使拍面稍前倾，在上升期击球的中上部，借来球反弹力量向右前方拨回来球。

（4）还原：击球后迅速还原，以便下一次击球。

技术动作如图 2-31 所示。

反手快拨

图 2-31　反手快拨

3. 技术关键点

腕关节和肘关节要相对稳定；前臂要向右前方拨出，不能前后推。

（二）反手弧圈球

1. 特点与作用

反手弧圈球的技术原理与正手类似，但由于受到肩关节活动范围的限制及身体的阻碍，其引拍的幅度和发力都受到较多的影响，其威胁力相对不如正手弧圈球。

2. 技术要领

（1）站位：两脚开立，右脚稍前，左脚在后。

（2）引拍：腰、髋略向左转动，重心置于左脚掌，引拍至腹前近身处，球拍通常都低于台面，手腕略屈使拍面前倾，肘部自然地向前突出。

（3）击球：左脚向右前上方蹬地，髋关节要适当前转，腰部发力带动挥臂，腰腹收紧使发力集中，挥拍从左后下方到右前上方划弧，摩擦球的中上部。

（4）还原：击球后，手臂继续顺势挥动，将身体重心移到右脚上，然后迅速还原。

技术动作如图 2-32 所示。

反手弧圈球

图 2-32　反手弧圈球

3. 技术关键点

肘部相对固定，以腰部带动前臂向前上方发力，切忌重心后坐。

（三）反手拧拉

1. 特点与作用

反手拧拉技术主要用于接台内近网短球和回合中对台内短球的回击，是一项有效抢先上手、争取主动的技术，能减弱对方攻势，为下一板进攻创造机会。

2. 技术要领

（1）站位：判断来球，身体前迎，选好拉球位置。

（2）引拍：肘关节略向前上方顶出，拍头下垂引至靠近台面，根据来球旋转，拍面适当前倾或立起，持拍手要适当放松，手腕稍内收。

（3）击球：球拍向前上方呈半弧形状挥动，触击球时，前臂以肘关节为轴，带动手腕快速发力，摩擦球的中外侧部，在球的高点期拧拉。当来球旋转强时，可通过增加摩擦，提高弧线高度；当来球旋转不强时，可加强前迎，提高击球质量。

（4）还原：控制挥拍距离，以便尽快还原。

技术动作如图 2-33、图 2-34 所示。

横拍反手拧拉

图 2-33　横拍反手拧拉

图 2-34 直拍反面拧拉

3. 技术关键点

身体前迎，手腕发力快速且充分；发力时，拇指、中指和无名指用力。

（四）直拍推挡

1. 特点与作用

直拍推挡具有站位近、动作小、回球速度快、落点多变等特点。在比赛中，直拍推挡能主动调动和控制对方，为后面的相持起到积极防守和变为主动的作用。

2. 技术要领

（1）站位：两脚分开，与肩同宽，左脚稍前，身体距离球台 40~50 厘米；手臂自然弯曲，食指紧扣，大拇指放松，将球拍置于腹前。

（2）引拍：屈肘后引，手关节靠近胸腹侧，拍面约与台面垂直。

（3）击球：前臂和手腕稍向前迎击，在来球上升期击球的中上部，前臂和手腕借力迅速向前上方推出。

（4）还原：击球后迅速还原。

技术动作如图 2-35 所示。

图 2-35 直拍推挡

3. 技术关键点

引拍时，肘关节要靠近身体；击球时，应向前用力推出，要避免由于肘关节外展而向侧方发力。

（五）直拍横打

1. 特点与作用

直拍横打具有站位近、速度快、落点变化多等特点，是直拍运动员反手位进攻得分的技术之一。直拍横打与推挡等技术结合使用，能够起到改变击球节奏和击球性能的目的，具有一定的威胁性。

2. 技术要领

（1）站位：站位在近台，两脚分立约比肩宽，左脚稍前，肘关节稍前顶。

（2）引拍：肘关节前顶，手腕稍内屈，将球拍向后下方引至腹部前方。

（3）击球：大拇指和中指发力，食指自然放松，在来球的上升期或高点期击球，拍面稍前倾，击球的中上部，向右前上方挥动。

（4）还原：击球后，手臂随势前送，然后迅速还原。

技术动作如图 2-36 所示。

直拍横打

图 2-36　直拍横打

3. 技术关键点

注意步法移动，调整到最佳的击球位置；注意握拍手法，控制好拍面的角度。

"单项技术"的代表人物

1. 直拍横打——刘国梁

1992 年，在成都举行的中国乒乓球大奖赛上，一名年仅 16 岁的少年出现在中国男团二队的阵容中，并被委以重任，担当第一主力。在团体赛上，这位少年利用一手独门绝技相继轻松击败了瓦尔德内尔、金泽洙、李根相等世界一流强手，从此一鸣惊人。

这位少年便是刘国梁，他秉承了中国传统的直拍快攻的打法。与其他直拍选手不同的是，他球拍的两面分别是正胶和反胶，他还练就了一手直拍横打的绝技——在传统的左推右攻的基础上增加反面提拉弧圈球的技术。这手绝技使刘国梁的反手一改以往直板选手只能推不能拉的弱点，增强了进攻性，弥补了直拍选手反手的漏洞，终于使20世纪80年代末受到重创的中国直拍快攻打法有了希望。

2. 反手台内拧拉——张继科

台内小球技术是乒乓球技术中最细腻、最需小心翼翼对待的部分。一直以来，直拍打法比横拍打法似乎更适于处理小球，亚洲球员在这方面比欧洲球员处理得更好。尽管处理台内小球的技术众多，如摆、搓、挑、撇、晃、劈等，但运动员寻找可以摆脱这种小心翼翼被动局面的技术的努力从未停止。

台内拧拉技术最早由欧洲乒乓球运动员在20世纪90年代首先在大赛实战中使用，不过由于成绩平平，并未引起关注。直到21世纪初，中国球员王皓结合直拍横打的打法，大胆地使用台内拧拉，从而直接进入主动相持或直接得分，取得令人惊叹的效果，从此台内拧拉成了直拍横打打法的先进技术之一。

台内拧拉可以避免摆搓的被动、挑打的冒险、正手位正手接的僵硬应对等一系列问题，同时通过调整板形，可以对下旋球、上旋球、侧旋球、不转球进行相应处理，从而成为一项全台式、不分旋转的应对台内小球的绝佳技术。

乒乓球技术与战术

自王皓以后，台内拧拉技术已成为许多专业乒乓球运动员，特别是顶级运动员必备的硬核技术，张继科、马龙、樊振东、张本智和等，都大量使用各有特色的台内拧拉技术，其中张继科的台内拧拉更是独树一帜，为他在最短时间内成就大满贯立下了赫赫战功，人称"霸王拧"。

张继科的"霸王拧"再搭配上如狂风暴雨般的反手连续进攻，在比赛实战中得分效果极佳，这也从不同程度上使得乒乓球技术中的"得正手者得天下"这一传统理念有所改变。

思想点睛

创新是一个民族进步的灵魂，是一个国家兴旺发达的不竭动力。创新也是中国乒乓球运动持续发展、长盛不衰的根本保证和重要因素。中国乒乓球队历来大力倡导创新，且创新是多方面的，包括技术、打法、训练方法、器材、工具等多个方面。《中国青年报》的一篇文章《星光为何这般灿烂》列举了世界乒乓球技术创新方面的成果，中国队的创新数量占世界总量的58.7%。在打法的创新上，中国一直领先于其他乒乓球强国。截至2001年，在世界乒坛的五大类几十种打法中，中国创新16种，韩国创新7种，日本创新6种，匈牙利创新4种，捷克、波兰和英国均创新3种，瑞典创新2种，比利时、白俄罗斯、德国和克罗地亚均创新1种。中国乒乓球队应该成为我国各行各业发展、实现民族振兴的创新楷模。

第六节　控制和防御技术

一、正手技术

（一）正手慢搓

1. 特点与作用

正手慢搓具有回球速度慢、稳定性强、动作幅度较大等特点，是回击下旋球的基本过渡技术。

2. 技术要领

（1）站位：站位在近台，右脚稍前，身体稍向右侧转。

（2）引拍：前臂和手腕外旋，使拍面稍后仰，身体略向右转，向右肩上方引拍。

（3）击球：前臂向左前下方用力，手腕内旋配合发力，在来球的下降前期，摩擦球的中下部或下部。

（4）还原：击球后，前臂随势前送，并迅速还原。

技术动作如图2-37所示。

正手慢搓

图2-37　正手慢搓

3. 技术关键点

根据来球的旋转与弧线，调整拍形与用力方向。

（二）正手摆短

1. 特点与作用

正手摆短具有动作小、出手快、回球短等特点，可以使运动员在比赛中有效地限制对手进攻，为自身创造机会，是回接和控制对方近网下旋短球的有效技术。

2. 技术要领

（1）站位：右脚向前移动，身体靠近球台。

（2）引拍：稍向右后上方引拍，拍面稍后仰。

（3）击球：前臂向前下方挥动，手腕相对固定，在来球的上升期击球的中下部，将回球落点控制在对方近网处。

（4）还原：击球后随势挥拍，并迅速还原。

技术动作如图2-38所示。

正手摆短

图2-38　正手摆短

3. 技术关键点

步法移动要准确及时；击球动作要小而快，注意借力。

（三）正手劈长

1. 特点与作用

正手劈长具有落点长、速度快、弧线直且急等特点，在比赛中常用于接发球和接回摆球，能有效地降低对手进攻质量或使其出现回球失误。

2. 技术要领

（1）站位：近台站位，身体重心前移，向来球靠近。

（2）引拍：前臂外旋向右上方提起，球拍要高于来球，后引动作要适度。

（3）击球：触球的中部并向中下部摩擦，在摩擦中给球适当的撞击力度，使球产生一定的前冲速度；以前臂带动手腕快速向前下方劈出，发力集中；劈长的动作幅度比摆短要大。

（4）还原：击球后随势挥拍，并迅速还原。

技术动作如图 2-39 所示。

正手劈长

图 2-39　正手劈长

3. 技术关键点

注意根据来球调整拍形，触球发力要集中。

（四）正手削球

1. 特点与作用

正手削球是一种积极的防御性技术，具有旋转强、弧线低等特点，在比赛中可用于根据对手来球的旋转强弱配合落点变化调动对方。

2. 技术要领

（1）站位：根据来球选择站位，左脚稍前，两膝微屈；身体略向右转，重心下降至右脚。

（2）引拍：前臂向右后上方（约与肩高）引拍，拍形后仰。

（3）击球：上臂带动前臂向左前下方挥动，在来球的下降后期摩擦球的中下部，将身体重心移至左脚。

（4）还原：击球后，随势挥拍前送，然后迅速还原。

技术动作如图 2-40 所示。

正手削球

图 2-40　正手削球

3. 技术关键点

身体重心随挥拍压球，手腕动作控制击球弧线。

二、反手技术

（一）反手慢搓

1. 特点与作用

反手慢搓具有动作幅度不大、回球速度慢、稳定性强等特点，同正手慢搓一样，是回接下旋球的基本技术。

2. 技术要领

（1）站位：近台站位，左脚稍前。

（2）引拍：前臂和手腕内旋，使拍面后仰，向左上方引拍。

（3）击球：前臂向前下方用力的同时，手腕外展配合发力，在来球下降前期摩擦球的中下部或下部。

（4）还原：击球后，前臂随势前送并迅速还原。

技术动作如图 2-41 所示。

反手慢搓

图 2-41　反手慢搓

3. 技术关键点

根据来球的旋转与弧线，调整拍形与用力方向。

（二）反手摆短

1. 特点与作用

反手摆短具有动作小、出手快、弧线低等特点，是运动员限制对手进攻，为自身进攻创造机会的有效技术。

2. 技术要领

（1）站位：身体向前移动，靠近球台。

（2）引拍：将球拍略向左后引至腹前，拍面稍后仰。

（3）击球：前臂向前下方挥动，同时手腕适当外展发力，在来球的上升期击球的中下部。

（4）还原：击球后，随势小动作，挥拍并迅速还原。

技术动作如图 2-42 所示。

反手摆短

图 2-42　反手摆短

3. 技术关键点

步法移动要准确及时；击球动作要小而快，注意借力。

（三）反手劈长

1. 特点与作用

反手劈长具有落点长、弧线急、速度快等特点，在比赛中劈长可用于降低对手进攻质量或使其直接失误。

2. 技术要领

站位：近台站位，身体重心前移，向来球靠近。

引拍：前臂内旋向左上方提起至左肩前方，后引动作要适度。

击球：触球的中部并向中下部摩擦，在摩擦中给球适当的撞击力，使球产生一定的前冲速度；以前臂发力为主，用力向右前下方劈出，发力集中，劈长的动作幅度比摆短大。

还原：击球后，随势挥拍并迅速还原。

技术动作如图 2-43 所示。

反手劈长

图 2-43　反手劈长

3. 技术关键点

注意根据来球调整拍形，触球发力要集中。

（四）反手削球

1. 特点与作用

反手削球可以充分利用腰部力量，协调用力对球进行控制。在横拍削球中，反手使用的胶皮多为颗粒胶，所以反手削球是进行旋转变化的主要手段。

2. 技术要领

（1）站位：右脚稍前，左脚在后，两膝微屈，身体略向左转，重心落在左脚上。

（2）引拍：手臂自然弯曲向左后上方（约与肩高）引拍，拍形后仰。

（3）击球：上臂带动前臂向右前下方挥动，在来球的下降期摩擦球的中下部，身体重心移至右脚。

（4）还原：手臂继续向右前下方随势挥动前送，然后迅速还原。

技术动作如图 2-44 所示。

反手削球

图 2-44　反手削球

3. 技术关键点

与正手削球一样，应根据来球的旋转，调整拍形和用力方向，削球的弧线可以稍长一些。

第七节 步法

步法是指乒乓球运动员为选择合适的击球位置所采用的脚步移动方法，它是乒乓球击球环节中的重要组成部分。随着乒乓球技术的快速发展，步法也显得越来越重要，它是及时准确地使用与衔接各项技术动作的枢纽，也是执行各项战术的技术要求。如果来球的落点发生变化，哪怕是细微的变化，也要移动脚步来调整击球的位置。乒乓球运动员必须养成"以脚带手、手慢脚快"的良好习惯。步法不到位，会影响击球质量甚至造成直接失误。乒乓球的步法包括单步、并步、跨步、跳步、交叉步和小碎步六种。

一、单步

1. 特点与作用

单步一般是在来球距离身体不远的小范围内得到运用，移动速度比较快，重心转换平稳。运动员在还击近网短球或追身球时常采用此步法，它是各种类型打法的运动员常用的步法之一。

2. 技术要领

（1）以一只脚的前脚掌为轴，另一只脚向前、后、左、右的不同方向移动。

（2）当移动完成时身体重心也随之落到摆动脚上。

技术动作如图 2-45 所示。

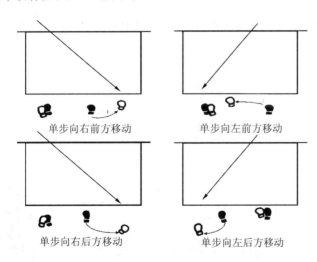

单步移动

图 2-45　单步移动

3. 技术关键点

移动时身体重心要跟上，切忌伸手够球。

二、并步（滑步）

1. 特点与作用

并步，也称滑步，移动幅度比单步要大，由于移动时没有腾空动作，有利于保持身体的平衡和稳定。进攻型选手或削球型选手在左右移动时常采用此步法。

2. 技术要领

（1）来球异侧方向的脚用力蹬地，向另一只脚移动半步或一小步。

（2）另一只脚在并步落地后即向同方向移动。

技术动作如图 2-46 所示。

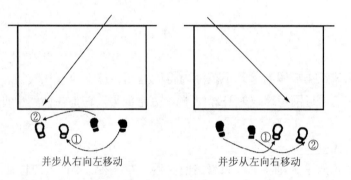

图 2-46　并步移动

3. 技术关键点

来球异侧方向的脚先启动，移动时重心应及时跟上；根据来球落点判断移动距离。

三、跨步

1. 特点与作用

跨步的移动幅度较大，常会降低身体的重心。近台快攻选手在还击正手位大角度来球时用此步法较多，削球选手有时也会用它来应对对方的突然攻击。

2. 技术要领

（1）来球方向异侧脚用力蹬地，另一只脚向来球方向侧跨一大步。

（2）蹬地脚迅速跟着移动，球离拍后应立即还原，保持站位。

跨步移动

技术动作如图 2-47 所示。

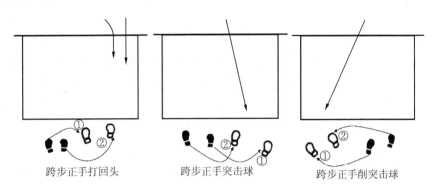

图 2-47　跨步移动

3. 技术关键点

跨步移动距离不宜过大；一只脚跨出后，另一只脚要及时跟上。

四、跳步

1. 特点与作用

跳步移动时，常会有短暂的腾空时间，因此通常是依靠膝关节的缓冲来减少重心的上下起伏。它在来球较快、角度较大时被采用，是弧圈球打法在中台向左、右移动或侧身移动时常用的步法。

2. 技术要领

（1）来球异侧方向脚的前脚掌内侧用力蹬地。

（2）两脚同时离开地面，向前、后、左、右跳动，蹬地脚先落地。

技术动作如图 2-48 所示。

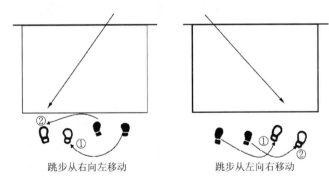

跳步移动

图 2-48　跳步移动

3. 技术关键点

来球异侧方向脚先移动，移动时尽量保持身体重心平稳。

五、交叉步

1. 特点与作用

交叉步主要是用来回击离身体较远的来球，其移动幅度和范围都是最大的。弧圈球打法在侧身进攻后补右大角空当，或从正手位返回到反手位大角度，削球选手在做前、后移动时均可使用此步法。交叉步有正交叉步和反交叉步两种，从左往右移动称为正交叉步，从右往左移动称为反交叉步。

2. 技术要领

（1）以靠近来球方向的脚为支撑脚，使远离来球的脚迅速从支撑脚前绕过，向来球方向迈出一大步。

（2）原作为支撑的脚跟着移动脚向移动方向再迈一步。

（3）挥拍击球与移步同时进行。

技术动作如图 2-49 所示。

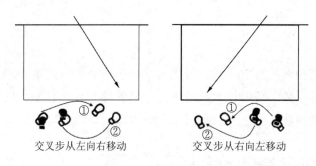

图 2-49　交叉步移动

3. 技术关键点

移动和击球的时机要结合好，移动时身体重心要及时跟上。

六、小碎步

1. 特点与作用

小碎步在步法移动中十分重要，却又很容易被初级运动员忽视，它是衡量运动员步法是否合理、协调的重要因素。小碎步主要适用于步法的调整，当步法整体移动到位，但还没有找到合适的击球点时，就要通过小碎步来调整位置，争取找到最好的击球点。优秀的运动员总是能利用小碎步找到最合适的击球点。小碎步在步法中还起到稳定重心、加速启动的作用。

2. 技术要领

（1）两脚前脚掌内侧蹬地。

（2）在身体重心上下不大的情况下，向左、右、前、后移动。

3. 技术关键点

根据来球决定是否使用小碎步，要及时调整身体重心。

第八节　结合技术

结合技术是指两个或两个以上单一技术的组合使用。两个单一技术的结合涉及不同手法技术的结合、不同步法技术的衔接，以及不同手法技术与不同步法技术的匹配。在比赛中，技术使用基本上都是以结合技术的形式表现出来的。从战术使用上讲，结合技术是比赛战术实施的主要内容。一般而言，结合技术的质量与比赛战术的运用效果有直接关系。本节主要介绍乒乓球运动中几种基本的结合技术。

一、左推右攻

1. 特点与作用

左推右攻具有一定的相持性特点，两个技术衔接在旋转上没有差别，是相持过程中由被动转为主动的关键性技术。

2. 技术要领

（1）站位：站在左半台，两脚平行开立，与肩同宽，身体重心在两脚之间，身体稍前倾。

（2）反手击球：先在反手位击球，反手推挡或拨球时注意含胸收腹，身体稍向前压。

（3）步法移动：反手推挡后向右半台移动，移动方向的异侧脚蹬地，转换身体重心，快速用跳步移动到右半台，同时腰胯向右侧转，处于正手攻球的站位。

（4）正手击球：移动到右半台（正手位）后，在球的高点期击球，用腰、胯的转动力量带动手臂发力。

（5）还原：击球后保持身体平衡，迅速还原。

技术动作如图 2-50 所示。

左推右攻

图 2-50　左推右攻

二、推侧扑

1. 特点与作用

推侧扑属于进攻型技术，一般适用于侧身抢攻后正手的衔接，运用交叉步或跳步大范围地移动并回击球。

2. 技术要领

（1）站位：站在左半台，两脚平行开立，与肩同宽，身体重心在两脚之间，身体稍前倾。

（2）反手击球：先在反手位击球，反手推挡或拨球时注意含胸收腹，身体稍向前压。

（3）步法移动：反手击球后，用移动方向的异侧脚蹬地，转换身体重心，运用小跳步，同时转腰引拍进行侧身。

（4）正手击球：侧身后，在球的高点期击球，用腰、胯的转动力量带动手臂发力，击球后快速转腰引拍。

（5）再次步法移动：当球回接到正手位时，用移动方向的异侧脚蹬地，用跳步或交叉步的方法，抢到正手位的击球位置。

（6）正手击球：移动到正手后，在球的高点期击球，在脚落地时挥拍击球，充分发挥腿的蹬伸力量，带动手臂发力。

（7）还原：击球后，持拍同侧脚快速进行支撑，保持身体平衡，迅速还原。

技术动作如图2-51所示。

推侧扑

图2-51 推侧扑

三、正手两点攻

1. 特点与作用

正手两点攻是乒乓球运动中的基础结合技术，使用正手将不同位置的球用步法结合起来，它不但能练习正手攻球，而且对步法训练大有益处。

2. 技术要领

（1）站位：站在右半台，以正手的站位开始，含胸收腹，双膝微屈，注意力集中。

（2）正手击球：转腰引拍，在球的高点期击球。

（3）步法移动：正手击球后，用移动方向的异侧脚蹬地，转换身体重心，在运用跳步的同时引拍转腰，快速移动到中间位置。

（4）正手侧身攻：在跳步到位后，在球的高点期击球，用腿的蹬伸力量和腰、胯带动手臂发力。

（5）还原：击球后保持身体平衡，迅速还原。

技术动作如图 2-52 所示。

正手两点攻

图 2-52 正手两点攻

第九节 乒乓球战术

一、乒乓球战术概述

（一）乒乓球战术的定义

竞技体育的战术是指在比赛中，为战胜对手或为获得期望的比赛结果而采取的计谋和行动。乒乓球比赛中的战术，主要是指根据对方的打法、类型及技术特长而采用的各种技术的原则与方法。

（二）乒乓球战术与技术的区别

战术是以基本技术和技术实力为基础的。技术掌握得全面、纯熟、有质量且实用才能完成比赛中的战术实施。在乒乓球比赛中，进攻与防守、主动与被动、进攻与反击经常在短时间交替出现、相互转化。乒乓球技术与战术，既有明显的区别又紧密相连，既相互依存又相互促进。技术是战术的基础，战术会促进技术的提高与发展。乒乓球战术的结构可以认为是以技术为基础，由多种乒乓球要素的组合与变化所构成。

（三）乒乓球战术的特征

乒乓球比赛的形式为单人或双人使用球拍交替击球，每个回合从发球开始，使球越过或绕过球网后触及对方台面，在比赛的过程中尽量争取多得分而获得比赛胜利。因此，乒乓球战术具有以下特征：

1. 发球与接发球是乒乓球战术的实施起点

"发球"是发球方战术实施的开始，运动员可以有意识地通过不同种类的发球，如不同旋转、落点、速度与节奏的球，与后续的相应战术行为相衔接，以达到克敌制胜的目的。由于发球具有"主动性"、"进攻性"和"隐蔽性"的战术特征，它在乒乓球比赛中占据着极其重要的地位。

"接发球"是接发球方战术实施的起点。好的接发球可以破坏对方发球的战术意图，并为本方后续的战术使用或组织实施创造条件。随着规则的改革和乒乓球技术的不断发展，尤其是拧拉等台内技术的兴起与应用，接发球不再完全受对方发球的制约，被动性有所减弱，难度有所降低。

2. "落点与线路"的组合变化是乒乓球战术的基础环节

乒乓球战术的基础是"落点与线路"的组合变化，这是由乒乓球项目的本质特征所决定的。"落点"是指球的落台点，击球点到落台点之间所形成的轨迹称为"线路"。乒乓球规则规定运动员必须将球击到对方台面的某个点上，从而形成一定的线路。各种技术及其要素组合与变化的效果最终是通过"落点与线路"表现出来的，如乒乓球的"调左压右"、"打中路分两边"或"发正手短球后抢冲反手位"等。因此，加强落点和线路的变化意识，是提高比赛能力的重要内容。

3. 控制与反控制是乒乓球战术的实质

乒乓球比赛过程中双方运动员需要交替击球，战术的实施过程与棋类博弈项目非常相似，是一个控制与反控制的过程。这就决定了乒乓球战术具有较大的变异性和随机性。战术的变异性，是指运动员在比赛中实施预定的战术时，每一次击球都必须根据对方来球的落点、速度、力量、弧线、旋转进行调整；战术的随机性，是指运动员在很多情况下，常常是边打边组织实施某一战术，非常注重临场发挥。

二、乒乓球战术的类型及运用

在乒乓球比赛中，可将不同比赛阶段分为发抢段、接抢段与相持段。为了便于理解，下面将乒乓球战术分为发球抢攻战术、接发球抢攻战术、相持战术三个方面进行介绍。

（一）发球抢攻战术

1. 作用与注意事项

发球抢攻是一种非常积极的主导比赛进攻的战术，利用发球的旋转、落点、节奏等变化，为第三拍进攻创造有利条件，它是我国乒乓球运动员使用的重要战术之一。发球抢攻的战术意识，首先是发球直接得分；其次是迫使对方的接发球回球质量变差，为自己主动抢攻赢得机会。在比赛中，运用发球抢攻战术应注意以下几个方面：

（1）加强抢攻意识，要大胆、果断和细心，尽量做到全方位积极抢攻。

（2）发球与抢攻相配合，根据发球状况提前预判回球，做好抢攻准备。

（3）提高发球质量，将落点和旋转的变化相结合，多为抢攻创造机会。

（4）发挥运动员本身的技术特长，形成完整的发球及抢攻得分体系。

2. 常用的发球抢攻战术

（1）发长、短球+第三拍抢攻。

以发短球为主，配合发大角度的长球加以牵制（图2-53），往往会取得较好的效果。常用的战术有：

① 发正手短球，配合反手长球后抢攻。（二维码"发抢1"）

② 发反手长球，配合正手长球后抢攻。（二维码"发抢2"）

③ 发同线长短球后抢攻。（二维码"发抢3"）

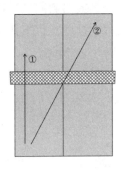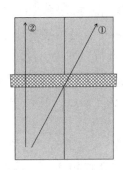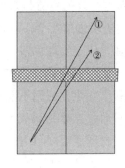

图2-53 长短球抢攻战术

发抢1　　　　　发抢2　　　　　发抢3

(2) 发转与不转球+第三拍抢攻。（二维码"发抢4"）

该项战术是指利用发球动作相似、旋转差别大的特性，造成对方接发球时判断失误，从而出现机会球进行抢攻。通常情况下，以不出台球为主，先发转球后发不转球，或先发不转球后发转球，进行抢攻。常用的战术有：

① 发相同落点的转与不转球后抢攻。

② 发不同落点的转与不转球后抢攻。

发抢4

(3) 发奔球与侧上（下）旋球+第三拍抢攻。（二维码"发抢5"）

该战术的发球以速度和节奏变化为主，配合旋转，使对方接发球质量下降，伺机进行抢攻。常用的战术有：

① 以发奔球或急下旋球为主，配合侧上（下）旋短球后抢攻。

② 发不同落点的侧上（下）旋球为主，配合奔球后进行抢攻。

发抢5

（二）接发球抢攻战术

1. 作用与注意事项

接发球战术是与发球抢攻战术相抗衡的一种战术，其目的是破坏对方发球抢攻战术的运用。接发球抢攻战术对是否获得整个战局的主动权起着主要的作用。在比赛中，如果接发球处理不好，第一环节就会陷入被动。因此，接发球的战术意识必须建立在积极主动的基础上以争取先进攻得分；此外，在不能抢先进攻的条件下，尽量控制对方，降低对方抢攻的质量，积极争取主动进攻，或最大限度地控制对方，为第四板的进攻创造机会。在比赛中，运用接发球抢攻战术应注意以下几个方面：

(1) 多元化接发球手段，如挑打、拧拉、拉攻、摆短、劈长等。

(2) 强化积极主动、抢先上手的意识，抢攻果断、坚决。

(3) 善于变化，利用不同方法、落点、节奏等变化，破坏对方的发抢线路。

2. 常用的接发球抢攻战术

(1) 接发球摆短+第四拍进攻。（二维码"接抢1"）

当对方发近网下旋短球时，可用摆短回接，使对方难以在第三拍发力抢攻或抢拉，破坏其发球抢攻或抢拉弧圈球的战术意图，从而为自己的第四拍主动进攻创造有利条件。

(2) 接发球反手拧拉+第四拍进攻。（二维码"接抢2"）

当对方发近网短球时，可积极主动地反手拧拉对方两个大角，并与第四拍衔接，连续进攻。反手拧拉出球突然，球飞行弧线侧拐，受到当今优秀运动员的青睐，成为目前重要的一项接发球技术。

(3) 接发球劈长+第四拍进攻。（二维码"接抢3"）

当对方发半出台球，或者来球下旋较为强烈时，可采用劈长至对方反手（或正手）底线，限制对方发力抢拉，或降低对方的抢攻质量，以便在第四拍伺机反拉进攻。此战术相对较为保守，但偶尔使用也有较好的效果。

（4）接发球抢拉+对攻对拉。（二维码"接抢4"）

当对方发球出台时，运动员通常会抢先进攻，采用抢拉或抢冲方式，与对方开展对攻或对拉。

接抢1　　　接抢2　　　接抢3　　　接抢4

（三）相持战术

1. 作用与注意事项

相持阶段的战术是指前三板之后，可采取的各种进攻控制的手段与方法。各种打法类型的乒乓球运动员，主要依靠自身的技术特长，以快速多变的方式调动对方、压制对方，以旋转的威力牵制对方，以落点变化来控制对方，最终达到攻击的目的，使自己争得主动、发挥优势，从而取得比赛的胜利。在相持阶段，进攻类打法主要是依靠正反手攻球、弧圈球和反手推挡技术，充分发挥速度与旋转的特点，调动与牵制对方，以达到攻击的目的。在比赛中，运用相持战术应注意以下几个方面：

（1）适应能力和应变能力要强。比赛中攻与防、主动与被动的形势千变万化，瞬间就可能从主动变为被动，也可能从被动变为主动。运动员必须要有敏锐的观察力和判断力，以便更好地运用相持阶段的战术。

（2）只有具备良好的技术和扎实的基本功，才能在相持阶段中取得主动，更好地运用相持阶段的各种战术。

（3）与自身的特长和打法相结合，充分发挥相持阶段战术运用的效果。

2. 常用的相持战术

（1）对攻战术。

对攻战术主要适用于快攻球和弧圈球打法的运动员。快攻打法依靠正反手攻球、反手快撕、推挡等技术，充分发挥速度优势，调动和压制对方以达到进攻的目的。弧圈球打法依靠正反手弧圈球技术，发挥旋转优势压制对方以达到进攻的目的。常见的对攻战术包括攻两角、攻追身、轻重结合等。

① 攻两角战术。

攻两角战术有多种形式，主要利用线路的变化与结合，使得对手主动失误。攻两角战术主要包括攻对角、压反手调正手、连续攻左/右角等，如图2-54所示。其中压反手调正手是最常见的一种战术，是指在比赛中用反手攻（拉）压制对方反手位，角度尽量大，迫使对方无法侧身进攻或变线，在连续压制中快速变直线到对方右半台。

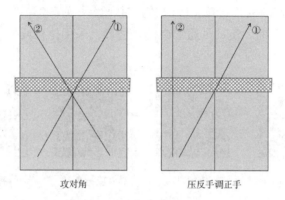

攻对角　　　　　　　压反手调正手

图 2-54　攻两角战术示意图

② 攻追身战术。

攻追身战术有多种形式，通常使对手因身体阻碍的原因而造成失误，或降低回球的质量，主要包括攻两角杀追身、攻追身杀两角、攻追身杀追身，如图 2-55 所示。

攻两角杀追身：先攻击对手左右大角，调动对手跑位，伺机进攻中路。

攻追身杀两角：先攻击对手中路，调动对手跑位，伺机进攻左右大角。

攻追身杀追身：先攻击对手中路，调动对手跑位，伺机进攻中路。

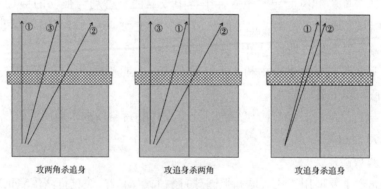

攻两角杀追身　　　攻追身杀两角　　　攻追身杀追身

图 2-55　攻追身球战术示意图

③ 轻重结合战术。

轻重结合战术有多种形式，以不同力量击球，弧线的长短也不相同，迫使对手上下位移动，从而造成失误或降低回球质量。轻重结合战术主要包括中路轻重球结合运用、同线轻重球结合运用、异线轻重球结合运用。

中路轻重球结合运用：以近网短球引对手上位回接，再以加力推挡或突击等攻击对手空档。

同线轻重球结合运用：以轻拉或短挡等技术引对手上位回接，再以重拉回击同一落点，迫使对手回位失误。

异线轻重球结合运用：以轻拉或短挡等技术引对手上位回接，再以重拉回接相反落点。

（2）拉攻战术。

拉攻战术是进攻型打法对付削球类打法的主要战术。首先弧圈球技术要扎实牢靠，利用稳拉技术，配合落点、弧线长短、旋转等变化，伺机拉中突击、拉冲或连续扣杀，以赢取得分机会。

① 拉两角攻中路战术。

拉两角攻中路的战术有很多，包括拉对角攻中路，逢斜变直、逢直变斜，连攻左角突袭右角，连攻右角突袭左角等；再配合攻追身球战术，包括拉中路杀两角、攻两角杀追身、拉追身杀追身等。

② 拉中路攻两角战术。

以拉对手中路为主，然后连续进攻左角或右角得分。

③ 旋转变化与轻重拉结合战术。

加转弧圈球与前冲弧圈球结合。以拉加转弧圈球吸引对方上前削接，再以前冲弧圈球迫使其后退，为连续冲（扣）制造机会；交替运用真假弧圈球，伺机冲杀；运用轻拉与突击结合，配合落点变化找机会扣杀。

④ 长、短结合与拉、吊结合战术。

采用搓、拉、吊短球相结合的方式，利用拉球连续拉对方一点或不同落点，调动对方大范围、大角度地跑动后突然放短，伺机拉冲近身或两大角。充分利用拉球的长、短落点变化和旋转变化调动对方，增加对方对球性的判断难度。比如，先拉两个长球到端线，迫使对方退台削球，当对方刚稳住步法后，再突然放一个近网短球，调动对方移动至台前回接，再伺机进攻抢冲。

（3）搓攻战术。

搓攻是进攻型选手的一项辅助战术，其目的是利用搓球的旋转及落点变化来控制对手，限制对手进攻，为自身进攻创造条件。运用搓攻战术时，搓球次数不宜过多，否则会陷入被动局面。

① 结合不同搓球技术后进攻。

以快搓或摆短至对方中路近网，迫使对手上位，伺机侧身进攻或冲拉直线。

以劈长至对方底线，降低对方回球质量，伺机进攻。

将劈长与摆短相结合，调动对手跑位，伺机进攻。

② 搓不同旋转与落点变化球后进攻。

包括搓转与不转球结合变化落点后拉冲或突击，快、慢搓结合，利用节奏和旋转变化后拉冲或突击，下旋搓球结合侧旋搓球后拉冲或突击。

三、新规则下乒乓球战术的运用

乒乓球的比赛规则对乒乓球技战术的发展起着指导性作用。比赛规则随着乒乓技术的发展不断修改，技术的发展促进了规则的演变，新的规则又反作用于乒乓球技术的发展。21世纪以来，国际乒联对乒乓球规则进行了一系列的变革。国际乒联改革规则的出发点有两个：一是改变中国对金牌的垄断，从整体上促进乒乓球运动的均衡发展；二是从技术层面上逐步消除速度、力量、旋转之间的不合理抑制，提高乒乓球技术的对抗性，更好地体现奥运会"更高、更快、更强、更团结"的精神。

（一）"无遮挡"发球规则下乒乓球战术的运用

乒乓球比赛规则对发球设置了诸多限制，以降低接发球的难度，从而达到发球和接发球双方的攻守平衡。从2002年9月1日起，乒乓球实行了"无遮挡"发球，即运动员发球时，从抛球开始到球被击出，球不能被发球员或其双打同伴的身体或衣服的任何部分挡住。这一规则的实施，使发球质量下降，接球运动员能更加清楚地判断对方发球的旋转、落点、战术意图等，从而提高了接发球的质量。

（二）大球时代乒乓球战术的运用

2000年10月1日起国际乒联把乒乓球的直径由38毫米扩大为40毫米，球的重量也增加到2.7克。相关的研究表明，40毫米乒乓球可使球速度减少4%，旋转减少13%。随着赛璐珞材质的乒乓球退出历史舞台，绿色环保一体成型的"无缝球"一统江湖，相关研究表明：新材质无缝塑料乒乓球的击球平均速度比赛璐珞乒乓球减慢约2%，旋转减弱约5%，再次限制了乒乓球速度与旋转的威力，所以力量在乒乓球项目中的作用明显增大。

减弱旋转与降低球速的另外一个结果是，乒乓球比赛中回合数增加了，对运动员相持能力的要求提高。但这一规则的实施对以速度为主的直拍正胶打法运动员产生的不利影响较大，因为球速减慢直接导致该打法的许多技战术的威胁性减弱，使运动员在比赛中时常处于被动。

（三）11分制下乒乓球战术的运用

乒乓球比赛规则将原来的每局21分赛制改为11分赛制，发球也由原来每方发5分球后轮换改为现在的每方发2分球轮换。这一计分方法的改变对乒乓球运动员技战术发展的理念产生了重要的影响。其原因是：

（1）11分制打乱了原有的运动员5分一轮的发球套路变化和发球抢攻战术体系。新规则2分一轮的发球组合套路的威胁性明显减小，增加了发球抢攻的难度。

（2）11分制改变了运动员的战术理念。由于比分减少，比赛获胜的偶然性增加，比赛节奏加快，比赛也变得更加紧凑，这就要求运动员在比赛一开始就迅速进入比赛状态，积极上手，使自己处于主动。

（四）"无机胶水"对乒乓球战术的影响

有机胶水多为有挥发性的有机溶剂，具有较低的熔点、沸点，在常温下容易挥发。无机胶水使用的溶剂为无机物，不会像有机胶水一样对橡胶产生"溶胀"作用，使球的旋转、速度、力量都有所减弱，击球质量有所降低，回合相对增加。无机胶水的使用，使得球拍的弹性和控制能力有所下降，前三板的控制力没有以前严密，运动员必须要提高相持球的处理能力。

第十节 乒乓球双打

一、乒乓球双打的概念

乒乓球双打是指击球的双方各有两名运动员，按规则两人依次轮流击一板球的打球形式。双打是乒乓球运动中另一种重要的比赛形式，可分为男子双打、女子双打和混合双打三种比赛项目。由于运动员大部分时间要在移动中击球，而且对攻多在中、远台进行，对运动员身体的灵敏性和脚步移动的速度提出了一定的要求。

二、乒乓球双打的特点

（一）发球区的限制

双打的比赛规则、竞赛方法与单打基本相同，但双打在发球、接发球及击球的顺序上有着特殊规定。双打比赛中，运动员发球时必须从本方台区的右半区将球发至对方的右半区，且中线被视为右半区的一部分，如果发球发至左半区，则被视为发球失误，判对方得一分。接发球方只在右半区等待来球，这就降低了发球与接发球的难度，提高了接发球抢攻的成功率。

（二）双打是运动员的协同作战

双打比赛中，同伴间可互相鼓励，分担比赛压力，因此，两人必须真诚团结，严于律己，同心协力，相互谅解，互相信任。双打运动员之间的默契非常重要，他们在比赛中经常使用手势或者暗语来表达战术意图，以达到控制比赛、获取胜利的目的。

（三）击球次序的限制

国际乒联对双打进行了以下击球次序的规则限制：

（1）在双打的第一局比赛中，先由发球方确定第一发球员，再由接发球方确定第一接发球员。在以后的各局比赛中，发球方任意确定第一发球员，而第一接发球员应是前一局发球给他的运动员。

（2）在双打击球次序方面，每次换发球时，前面的接发球员应成为发球员，前

面发球员的同伴应成为接发球员。此后在比赛状态中，双方运动员依次轮流击一板球，若击球次序错误，将被判失分。

（3）在双打决胜局中，当一方先得 5 分时，接发球方应交换接发球员的次序。

（四）跑动范围大

在双打比赛中，运动员不仅要左右移动，还要前后跑动。因此，运动员必须具有灵活的步法，以及在走动中回击各种不同落点和旋转球的能力。

（五）技术要求更加全面

双打比赛中运动员移动范围较大，需要具备灵活的步法和较为全面的技术能力，如近台技术，以及中、远台技术。

三、乒乓球双打的配对

在考虑双打配对时，除了重视两人的思想基础外，在技术特点方面，要考虑到能充分发挥运动员的技术特长，合理地使用战术，便于灵活地交换位置，尽量缩小跑动范围，避免互相冲撞等。比较有利的配对有以下几种：

（一）左、右执拍手的配对

一个左手握拍同一个右手握拍的攻球手配对，其基本站位分别保持在球台两侧，左手执拍者偏球台右侧，右手执拍手偏球台左侧。这样两人都便于发挥正手攻球的威力，而且在移位时又不致互相干扰，移动范围也能缩小。

（二）打法风格的配对

两个运动员应该是速度和旋转的结合。从技术角度讲，以速度为主的选手站位靠前，以旋转为主的选手站位稍靠后，一前一后、一快一慢形成区域性的立体攻防体系。同时要考虑凶与稳打法的结合，有凶有稳并达到平衡。

（三）削球手的配对

两个削球手的配对，应分为一个为近削逼角，另一个为远削转与不转；或者两个均以转与不转为主。两个削球手的配对，应具备很强的反攻能力，出现机会球时敢于出手。

（四）不同性能球拍的配对

不同性能球拍的配对可分为反胶与颗粒胶、颗粒胶与颗粒胶两种。反胶与颗粒胶的运动员配对应结合胶皮性能，颗粒胶运动员尽可能多地为反胶运动员创造进攻的机会；颗粒胶与颗粒胶的运动员配对，应充分发挥胶皮性能，以旋转牵制对手。

四、乒乓球双打的站位与移动

（一）站位

站位与移动、让位具有重要的联系，站位是否合理是能否发挥出每个人特长的关键。具体的站位方式可分为以下几种：

1. 发球队员及其同伴的站位

平行站位：多为进攻型选手发球时采用。发球队员的站位偏右，让出 3/4 的位置给同伴居中并近台站位。

前后站位：多为削攻型选手发球时采用。发球队员的站位偏右稍前，其同伴的站位居中略后。

2. 接发球队员及其同伴的站位

平行站位：多为一左手一右手执拍的进攻型选手采用。进攻型选手用反手接发球时常常采用这种站位。

前后站位：进攻型选手用正手接发球时采用，接球队员站于近台偏中位置，以利于正手进攻，其同伴稍后错位站立；削攻型选手无论用正、反手接发球均以前后站位为宜。

（二）移动

双打比赛中，运动员的脚步移动要十分灵活，移动时必须注意以下几点：第一，不妨碍同伴抢占击球位置和回击球；第二，不能影响同伴的视线和判断来球；第三，有利于本运动员的下次合理回击。

1. 环形移动

两位同侧执拍的运动员，多采用这种移动方法。当来球在正手位时用顺时针让位方式，当来球在反手位时用逆时针让位方式。即运动员在正手位击球后应迅速顺时针移动，给搭档运动员让位，搭档运动员在正手位击球后也按照顺时针移动，及时调整站位，准备下一次的击球，如图 2-56 所示。反手位同理。实际比赛中的来球线路并不固定，需要双打运动员形成默契。

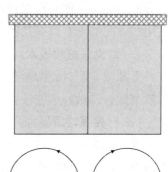

图 2-56　环形移动图示

2. "八"字形移动

一个左手和一个右手执拍的运动员配对，多采用这种方法。两位运动员击球后一般向自己反手侧后斜线移动，确保同伴的击球空位，有利于发挥各自正手的威力，如图 2-57 所示。

3. "T"形移动

一名近台站位与一名中远台站位的选手配对，多采用这种方法。近台的选手做左右移动，中远台的选手做前后移动，脚步移动成"T"形，如图 2-58 所示。该方法适用于一攻一削的选手，同样适用于两个削球打法和快攻结合弧圈球打法的选手配对。

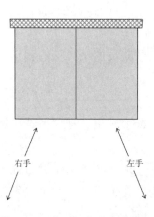

图 2-57 "八"字形移动图示　　　图 2-58 "T"形移动图示

五、乒乓球双打的战术

在双打比赛中,力争主动、先发制人的战术思想尤为突出,往往前三板就决定一分球的胜负。即使是削攻配对的选手,也会通过旋转的变化,为进攻创造机会。常用的双打战术有以下几种:

(一)发球抢攻战术

发球前,配对的两名运动员通过手势或者暗语沟通,确定发球的旋转、落点等,以默契配合,做好第三板抢攻的准备。

(二)控强攻弱战术

配对的两名运动员无论技术水平多么接近,其攻击力总会有所区别,大多选择对方技术水平相对较低者作为主攻对象。为了选准主要的攻击对象,运动员在赛前必须了解清楚对方的技术水平、打法特点。

(三)左右前后调动战术

把左手握拍向右移动的人调到左边,把右手握拍向左移动的人调到右边;把中台进攻的人诱到近台,把近台的人推到中台。这样的打法可以打乱对方的基本站位和基本跑位,破坏对方的协调配合,为我方创造进攻机会。

(四)压一角、调另一角战术

紧盯对方一角,把对方两人挤到一起,迫使对方运动员在匆忙中交换击球位置,在此过程中,突然袭击对方的另一角,打出机会球,进行攻击。

(五)特长结合战术

双打和单打一样,制订方案和采用战术的基本思想是能充分发挥两人的特长。配对的两人,最好一人防守较好,一人进攻较强,一般由防守好的人来抵挡对方的强者,由进攻强的人来攻击对方的弱者,以突破对方的防线。

乒乓球技术与战术 ②

复习思考题

1. 如何示范和讲解准备姿势、基本站位和握拍方法？
2. 乒乓球正手攻球的技术要领及关键点是什么？
3. 简述乒乓球常用的步法类型及技术要领。
4. 简述乒乓球双打的配对及移动方法。

"15板大战"——许昕

2016年世乒赛男团决赛的第一盘，当时许昕以比分6：3领先，许昕发球，发球落点在水谷隼的正手位，水谷隼将球回到了许昕的正手。许昕将球轻挑过网，接着就在正手位发力杀出第一板，水谷隼迅速将球回到许昕的反手位，许昕果断侧身继续拉攻，又连续杀了对方13板。在许昕杀出第15板时，水谷隼回球下网。

前大满贯得主张怡宁当时感叹："真有耐心啊，太有耐心了。这技术真过硬，练得真扎实。"央视解说杨影说："这让我想起了我们的老前辈、终身国际乒联主席徐寅生，在1961年，在那场大家都知道的经典比赛中，徐寅生与星野打到了12大板。"徐寅生有一次开玩笑地说，当年他打出12大板是因为打到中途自己没有力气了，没有劲儿（把对方打死）才打到12大板。许昕已经超过了这个记录。

这已经不是许昕第一次创造多板扣杀的纪录，在 2015 年的全国乒超联赛中，许昕曾与四川队的朱霖峰打出了 35 秒 42 大板的精彩一幕。能打出这种连续多板扣杀或对拉的精彩好球，除了要有强大的正手相持能力外，还要有极好的耐心和稳定的手法。在世乒赛男团决赛的赛场上，许昕与水谷隼上演的 15 板大比拼，在乒乓球历史上具有特殊的意义。

思想点睛

　　中国乒乓球队一直坚持"祖国荣誉高于一切"的宗旨，把培养国家意识教育放在首位，不断激发运动员的爱国主义精神。邓亚萍曾经动情地说："每当登上世界大赛冠军的领奖台，看到国旗升起时，眼里总是含着激动的泪花。一名运动员比赛的胜负是和祖国荣誉联系在一起的。只有把自己的事业和祖国利益联系在一起，才能在人生的星空中留下一条明亮的轨迹。"即使是在运动员高度个性化、价值观多元化的今天，"祖国荣誉高于一切"被始终铭记在乒乓球队每一个成员的心中。

第三章 乒乓球教学与训练

本章提要

本章介绍了有关乒乓球教学和训练的内容。第一节介绍了乒乓球教学的原则、教学的基本程序、教学方法和教学文件的制定。第二节介绍了乒乓球技战术训练、身体素质训练、心理训练和乒乓球各类打法的训练。通过本章的学习,学生能够了解有关乒乓球教学和训练的相关知识。

乒乓球教学是指技术、战术由不会到会的过程,而训练则多指技术、战术由会到巩固、提高并能熟练运用的过程。乒乓球教学与训练既有区别又相互联系,在整个教学中需要一定程度的训练,在整个训练中也必须随时进行必要的教学,以便更有效地提高与改进。乒乓球的教学与训练是一个统一的过程,不可将二者绝对地加以割裂。

第一节 乒乓球教学

乒乓球教学是教师根据一定的目的、计划和学生的身心特点,使学生全面掌握乒乓球理论及技能知识的教育过程。乒乓球教学的主要任务是使学生掌握乒乓球的基本理论知识和基本技能,增强身体素质,提高技术水平,培养良好的道德和意志品质。

一、乒乓球教学的原则

乒乓球教学的原则是乒乓球教学过程客观规律的反映,是乒乓球教学工作的经验总结和概括,是进行乒乓球教学必须遵守的基本要求。

乒乓球教学的原则包括以下五个方面。

（一）直观性原则

乒乓球动作技能的形成需要人体多种感觉器官参与活动，在教学过程中，充分发挥各种感觉器官的作用更有利于促进动作技能的形成。乒乓球教学的直观手段有以下几种：

（1）教师示范。要求：教师示范时，动作要正确、熟练，符合讲解的要求，并注意示范的位置，使学生通过视觉感知正确的动作要领。动作的表象应多采用镜面示范、背面示范或侧面示范。

（2）运用教学视频或挂图。要求：教学视频或挂图的技术动作要准确无误，可插入正误对比视频或挂图，使学生进一步获得技术动作的表象并形成正确概念；学生在观看教学视频或挂图时，教师应配合进行语言讲解。

（二）巩固提高原则

在教学过程中，使学生通过练习巩固与提高技能时，教师应做到以下几点：

（1）注意运用预防和纠正错误动作的方法，进行正误对比，使学生不但能获得正确的动作概念，而且可以培养其对错误动作的识别能力。

（2）通过反复练习，学生不断强化已获得的正确动作的概念，实现正确的动力定型。

（3）布置课后作业并注意检查，加强考核环节，促进学生技术动作的巩固、提高。

（三）循序渐进原则

乒乓球教学的内容和方法应由简到繁、从近至远、由浅入深，在运动负荷的安排上应有节奏地递进增加。

（1）加强计划性，充分考虑教材内容的前后联系。前课应是后课的准备，后课应对前课起到巩固、补充和提高的作用。

（2）安排教学内容、教学步骤时，必须遵循由简到繁、由易到难的规律。

（四）从实际出发原则

在乒乓球教学中，应根据学生的基础水平合理安排教学进度和运动负荷，既要便于教学工作的组织实施，又要让学生能够适应与接受。

（1）处理好负荷量与负荷强度的关系，运动负荷的安排要由小到大逐渐提高。

（2）对学生的体能、专业进行摸底考查，根据学生的基本情况、培养目标及教学条件进行综合考虑并制订教学计划。

（五）理论与实践相结合原则

在乒乓球教学中，应充分发挥理论知识对技术、技能学习的指导作用，让学生在练习过程中不断加深对理论的理解。

（1）在技术教学中，充分运用所学理论知识进行讲解、示范和分析；在理论教学中，注意联系技术教学中的实际，将技术与理论相结合。

（2）全面分析教材内容，合理安排教学进度，以利于理论和实践的相互促进，既要在技术教学中加深对理论的理解，又要发挥理论对技术教学的指导。

二、乒乓球教学的基本程序

乒乓球教学的基本程序是指学生从不会到会的过程，即从初步掌握技术动作到熟练运用，并可以进行比赛的整个过程。这是根据多年教学经验总结出来的程序，是每一位乒乓球运动员必经的阶段，是一个循序渐进的过程。教学基本程序如图 3-1 所示。

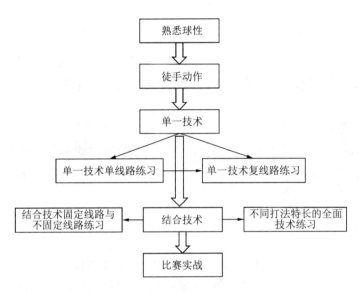

图 3-1　乒乓球教学基本程序示意图

（一）熟悉球性

熟悉球性的目的就是使学习者获得用球拍击打乒乓球的初体验，从而形成一定的"球感"。其主要任务：学会正确握拍，体会握拍手指的用力方法；形成归纳和分析来球球性的能力；体会击球时，改变球拍用力方向、力度大小、拍面方向等对击出球所产生的不同影响；等等。

（二）徒手动作

徒手动作包括上肢与下肢的技术动作。在徒手动作练习方面，不论是初学者还是有基础的学习者，都可根据不同目的进行练习。对初学者来讲，徒手动作练习可在大脑皮层形成动作表象，有利于初学者进一步形成运动条件反射；对有基础的学习者来说，徒手动作练习可以巩固已获得的动力定型，并有助于技术动作的改善和专项素质的提升。

（三）单一技术

1. 单一技术单线路练习

乒乓球最基本的技术练习是单一技术单线路练习。根据教学要求的不同，它既是简单动作技能学习和形成的方法，也是促进简单动作技能提高的方法。

2. 单一技术复线路练习

单一技术复线路练习是以单一技术单线路练习为基础，进行斜线和直线两条线路的练习。教学中技术动作基本没有变化，只是增加线路上的变化，使得难度略有增加。

（四）结合技术

结合技术固定线路练习。如侧身位正手发下旋球后，衔接正手位拉球，练习正手抢拉能力。

结合技术不固定线路练习，是把两项技术结合在一起的动力定型练习。开始是有规律的练习，最后要达到一种较复杂的运动条件反射，形成动力定型，即球在哪个位置就用哪个位置的技术动作还击，如练习不定点的左推右攻、练习不定点的动作转换。

（五）比赛实战

比赛实战是全面技术和战术的综合运用，当学生的技术和战术练习达到一定程度后，可以在比赛实战中检验其对战术和技术的掌握程度，找出薄弱环节，有针对性地提高水平。

三、乒乓球教学的方法

教学方法是师生双方在教学过程中共同完成教学活动任务的途径和手段。教学方法的选择与运用，对完成教学任务、提高教学效果和效率具有重要的意义。目前常用的乒乓球教学方法主要包括传统教学法、现代教学法和线上线下混合教学法三种。乒乓球教学应充分考虑学生的实际情况，在传统教学的基础上，适当运用现代教学法、线上线下混合教学法。

（一）传统教学法

传统教学法是指教师通过讲解，使学生掌握知识的系统教学方法，形式较为单一，是一种在教师的指导下，学生学习知识、巩固知识、运用知识、形成技能的方法。传统教学法主要包括示范法、讲解法、练习法、预防和纠错法等。

1. 示范法

示范法是教师（或指定学生）以具体的动作为范例，使学生在大脑中建立起所要学习动作的表象，获得必要的直观感受，让学生通过模仿掌握所要学习动作的结构、过程和要领的一种教学方法。在运用示范法时应注意以下几点：

（1）示范目的要明确。

在示范前，教师应根据教学的要求、任务和学生的具体情况，明确示范什么和用哪种方式示范，这有利于集中学生注意力并全面地观察到他们应观察的东西，从而增强直观教学的效果。

（2）示范内容要正确。

良好的示范应该熟练、准确、优美、轻松，这对指导学生建立正确的动作表象，提高学生的练习兴趣和积极性有着重要的作用。教师应对所要示范的技术动作做好充分准备，清楚知道技术动作的重点与难点。

（3）示范位置要适当。

教学示范的位置影响教学效果。通常情况下，教师示范的位置应能保证全体学生不受干扰、易于观察，同时又易于控制场面。

2. 讲解法

讲解法是指对概念、原理、原则、观点、要领等进行解释或论证的一种教学方法，即教师用语言向学生讲解教学目的、内容、任务、要求、动作要领、技术要点等。在运用讲解法时应注意以下几点：

（1）讲解的内容要准确，简明扼要。

尽量用简明扼要的语言概括所讲的问题，特别是关键技术动作的要领，要让学生听得明白，容易掌握。

（2）讲解的目的要明确，针对性强。

根据学生的实际情况和教学任务，讲解前可组织学生预习教材内容，初步掌握技术动作的重难点，使讲解更具针对性。

（3）讲解的重难点要突出，层次分明。

讲解时灵活运用问答、对比、分析等形式，结合实例、录像、挂图等，加深学生对重难点的理解和掌握。

3. 练习法

练习法是学生在教师的指导下，依靠自觉的控制和校正，反复地完成一定动作或活动方式，借以形成技巧、技能或行为习惯的教学方法。从生理机制上说，练习法是通过练习使学生形成一定的动力定型，以便顺利地、熟练地完成某种活动。乒乓球教学中的练习一般可分为徒手练习与击球练习，其中徒手练习包括手法练习、步法练习、手法与步法结合练习等；击球练习包括台下击球练习与台上击球练习。在运用练习法时应注意以下几点：

（1）明确练习的目的和要求。

练习应该是一个有目的、有步骤、有指导性地形成和改进学生的技能与技巧，发展学生能力的过程。在练习时，教师不仅应有明确的指导目的，而且还要使学生了解每次练习的目的和具体要求，要让学生在理解技术动作的基础上进行练习。

（2）合理分配练习强度和频度。

技能、技巧或习惯的形成，都需要足够的练习强度和频度。一般情况下，适当地分散练习比过度的集中练习效果更好。在开始阶段，练习频度要高些，练习强度不必太大，待学生的水平提高后可以循序渐进地增加强度。

4. 预防和纠错法

预防和纠错法是指教师为了防止和纠正学生在练习中出现的错误动作，有针对性地选择有效手段，预防和纠正错误的一种方法。预防和纠正错误动作时，首先应分析错误产生的原因，然后有针对性地采用适当方法予以预防和纠正。预防和纠错法有以下两种形式：

（1）对比法。

将错误动作与正确动作进行对比来纠正，找出学生错误动作产生的主要原因，形成正确的技术动作概念。

（2）集体纠正或个别指导。

如果出现错误动作的人数较少、出现错误相对分散，可进行个别指导；如果出现错误动作的人数较多、出现错误比较集中，可停止练习并进行集体纠正。

（二）现代教学法

教师应根据课程内容和学生特点，灵活运用现代教学方法。现代教学法的优势表现在：理论实践并进，"教、学、做"三位一体，使学生在接受专业知识、技能的同时，启迪学生，激发学生的创新意识。现代教学法包括以下几种：

1. 自主、合作、探究式教学法

这是一种引导学生自主学习，以促使学生主动进行知识建构的教学方法。它是在教师的指导下，以问题为载体，以培养学生的创新素质为核心，以学生的自主探索、合作交流为主要目标的教学方法。其中"自主"强调学习主体有明确的学习方式，有学习的主动权和选择权；"合作"是指学生在学习群体中为了完成共同的任务，开展有明确责任分工的互助性学习；"探究"是指学生在实践中进行学习，在学习中独立地发现问题，获得自主发展的学习方式。

2. 多媒体 CAI 课件教学法

计算机多媒体辅助教学软件，简称 CAI 软件。CAI 课件作为一种直观的教学手段，运用了各种多媒体素材，从不同的视角对同一技术动作进行呈现。在乒乓球教学中，利用 CAI 课件进行教学，有利于加深学生对乒乓球知识和技能的认识和理解。

（三）线上线下混合教学法

1. "线上+线上"混合教学

"线上+线下"混合教学以教与学的实际问题为出发点，把传统学习和互联网学习的优势结合起来，将课堂教学与信息技术应用进行融合，使教学过程"线下"与"线上"有机结合。

2. 雨课堂

"雨课堂"是一种基于慕课的混合式教学方式，它将复杂的信息技术手段融入 PowerPoint 和微信，在课外预习与课堂教学之间建立沟通桥梁，让课堂互动永不下线。使用"雨课堂"，教师可以将带有 MOOC 视频、习题、语音的课前预习课件推送到学生手机，师生间的沟通可得到及时反馈；课堂上可进行实时答题、弹幕互动，为传统课堂教学中的师生互动提供了完美解决方案；"雨课堂"全面覆盖了"课前—课上—课后"的每一个教学环节，为师生提供完整和立体的数据支持、个性化报表、自动任务提醒等功能的应用，让教与学更明了。

四、乒乓球教学文件的制定

根据教学对象和培养目标，制定切实可行的教学文件，有助于教师全面地安排和实施教学工作，充分发挥教师的主导作用，增强教学的系统性和针对性。教学文件包括教学大纲、教学进度和教案（课时计划）。

（一）教学大纲

教学大纲是依据教学计划中所规定的培养目标、教学任务和基本要求，以及本专项课程规定的总时数，从整体上以纲要的形式具体安排教学内容、教学时数和考核办法的文件。

1. 教学大纲的组成部分

（1）说明部分。

主要概述该门课程的目的和任务，选择教学内容的主要依据、内容范围，安排教学进度，提出运用教学方法的原则性建议等。

（2）基本部分。

列出理论和技术实践课程的比例和要求，教学内容及要点、授课时数、作业、考试、测验的要求和时数等。

（3）附件。

列出教学参考书目，提出使用各种教具和现代化教学手段的指导意见。

2. 制定教学大纲的注意事项

（1）根据教学计划对本门课程的要求，分析并明确提出本课程的内容范围、教学目标和教学任务。

（2）注意教材内容的科学性、系统性。

（3）合理分配教学时数，注意理论课与实践课的合理搭配。

（4）考核内容应以基本理论知识、基本技术和基本技能为重点。考核方法应力求客观而全面地反映学生掌握的实际情况。

3. 教学大纲示例

"乒乓球普修"课程教学大纲

一、说明

本大纲依据××大学××××级××××专业本科人才培养方案，结合体育学院的教学实际情况而制定，是本科学生乒乓球课程的重要依据。"乒乓球普修"课程是面向体育学院所有专业学生开设的专业选修课程，是一门实践类课程。课程总时数为 36 学时，安排在第 2、5 学期开设进行。

二、课程目标

使学生掌握乒乓球运动的基本理论知识，了解乒乓球运动的发展过程，认识乒乓球运动的功能与价值，明确乒乓球运动的技术原理和场地器材，传承乒乓球运动的文化，积极参与乒乓球运动；使学生掌握乒乓球运动中的步法、发球、攻球等基本技术，熟悉青少年心理特征及其发展规律，掌握现代教学理论与方法，胜任九年制义务教育"体育与健康"课程的教学工作；全面发展学生的基本运动能力，提高身体素质和专项核心能力，掌握基本练习方法与手段；使学生掌握乒乓球运动中基本技术的教材教法，主要运动项目技术的教学步骤、教学手段、练习方法和错误纠正方法等，促进学生教学能力得到培养与提高；培养学生具有良好的心理素质以及创新和合作精神，发展个性，提高道德修养，适应社会发展的需要。

三、课程内容

（一）技术部分

1. 握拍法、站位和基本姿势

（1）教学内容：直握、横握、不同身高打法的站位及准备姿势。

（2）教学要点：动作标准。

2. 步法

（1）教学内容：单步、并步、跳步、跨步、交叉步等。

（2）教学要点：动作标准，体会重心转换。

3. 发球

（1）教学内容：平击式发球、下旋发球、不同落点的发球等。

（2）教学要点：掌握动作，控制击球。

4. 反手推挡（拨）

（1）教学内容：反手推直线、反手推斜线、反手推两点、推挡升降台比赛。

（2）教学要点：协调动作，控制力量及弧线，提高上台率。

5. 正手攻球

（1）教学内容：正手攻斜线、正手攻直线、正手攻两点，正手攻升降台比赛。

（2）教学要点：协调动作，转换重心，控制力量及弧线，提高上台率。

6. 慢搓

（1）教学内容：正手慢搓、反手慢搓、全台搓。

（2）教学要点：掌握击球时机，控制板型，合理发力。

（二）其他介绍性部分

1. 发球

（1）教学内容：发奔球、上旋球、侧旋球、下旋球。

（2）教学要点：体会不同旋转的变化。

2. 直拍横打

（1）教学内容：直拍横打、直拍横拉。

（2）教学要点：了解动作要点。

3. 弧圈球

（1）教学内容：正手弧圈球、反手弧圈球。

（2）教学要点：了解动作发力要点。

4. 战术

（1）教学内容：发球抢攻战术、搓攻战术、拉攻战术、双打战术等。

（2）教学要点：了解不同战术的应用。

5. 临场裁判操作

（1）教学内容：乒乓球基本竞赛规则、组织教学比赛、学习担任临场裁判工作。

（2）教学要点：了解规则、报分、判罚。

四、教学课时分配

"乒乓球普修"课程的教学时数为36学时，其中技术教学为22学时，占61.1%；战术教学（包含比赛组织、裁判规则）为6学时，占16.7%；技术考核为2学时，占5.6%；理论课为4学时，占11.1%；机动部分为2学时，占5.6%。教学时数分配如表3-1所示。

表3-1　"乒乓球普修"课程教学时数分配表

序号	教学内容	学时数
1	乒乓球基本技术	22
2	乒乓球基本战术、教学比赛组织与裁判规则	6
3	理论课	4
4	技术考核	2
5	机动	2
	总计	36

五、考核与评价

（1）考核与评价的方式包括期末考试和平时考评两类，考核与评价的内容包括技术考核、平时考评。

（2）成绩内容及其比例：平时考评占30%，技术考核占70%。

（3）技术考核分别从技评和达标两方面进行评分，其中技评占40%，达标

占 60%。

（4）平时考评和技术考核方法详见《乒乓球普修课成绩评定方法》。

六、参考书目

（略）

（二）教学进度

教学进度是把教学大纲所规定的教学时数和内容，按照一定的要求和顺序，合理地分配到每次课中的教学文件，是教师编写课时计划的主要依据。整个教学进度的安排要体现出教学计划的完整性和连贯性。

1. 制定教学进度的注意事项

（1）教学进度要与教学具体条件相适应。

（2）合理安排每次课的运动负荷，尽量做到大、中、小相结合。

（3）根据乒乓球运动的发展规律和培养目标的要求，一方面，要从实际需要出发，在时数分配、课时安排上，突出重点，加强基本理论、基本技术和基本技能的教学与培养；另一方面，要全面安排教学大纲中所规定的教学内容。

（4）本着理论联系实际的原则，根据不同阶段的教学任务与要求，有的放矢地安排教法课、理论课、实践课，把传授知识、掌握技术与能力培养有机地结合起来。

（5）安排进度时尽量做到：校内外结合，课内外结合；课堂教学实习和校内外教育实习相结合；课堂教学与课外作业和校内外的竞赛活动相结合。

2. 教学进度安排的一般格式

教学进度安排参照表 3-2。

表 3-2　教学进度表

202　—202　度　第　学期

时间	周次	课次	教学内容	备注

（三）教案

教案是根据教学进度编写的，是教师上课的具体计划和教学内容实施的依据。教案的基本内容包括教学内容、教学要求、教学顺序、教学步骤和方法、课的各个部分，以及练习的时间和次数、课的组织形式等。

1. 教案编写的基本要求和方法

教案的任务要明确、要求要具体，教学内容要符合实际、突出重点，课的组织要严密，教法要科学多样，运动负荷要适宜，安全措施要落实，场地布置要合理，文字要简明扼要。编写教案应在了解学生和钻研教材的基础上进行，具体应做到以下几点：

（1）了解学生：对学生的技术、技能、知识、体能、智力等情况基本了解。此外，还应对学生学习新知识、新技术时可能遇到的问题和困难进行考虑，应提前采取预防措施。

（2）钻研教材：明确教材的重点和难点，收集与本学科、本课题有关的材料并加以精选和组织。

（3）考虑教法：考虑如何确定课的类型、如何组织教材、如何安排每一节课的准备活动等。

2. 教案的基本结构

（1）准备部分。

包括开课常规和准备活动两方面的内容。开课常规中应含有宣布本节课任务和思想动员的内容纲要，以及队列队形练习和注意事项等。准备活动要写出做法和要领，一般常用的准备活动可只写动作名称和图示。

（2）基本部分。

这是课堂教学的主要部分，在教材内容、教学方法和组织实施一栏，应将教材的动作名称、要领、教学要求、教学难点和重点、易犯错误等写清楚。

（3）结束部分。

应写明结束部分所采用的游戏或放松练习的名称、方法和要求。

3. 教案的一般格式

教案的格式参见表3-3。

表3-3　教案的格式示例

授课教师：					授课类型：		
学习阶段	水平	授课对象	人数		课次		
学习目标							
学习内容				重点			
				难点			
程序时间	教学内容	教法指导	学生活动	组织形式	时间	次数

拓展阅读

"双圈超级全满贯"——马龙

马龙,出生于辽宁省鞍山市,中国男子乒乓球队运动员。2014年任中国男子乒乓球队队长,是首位集奥运会、世乒赛、世界杯、亚运会、亚锦赛、亚洲杯、国际乒联世界巡回赛总决赛、全运会单打冠军于一身的超级全满贯男子选手。

马龙从5岁开始在辽宁鞍山学习乒乓球,2001年被关华安教练发掘并带到北京继续学习;2003年进入国家队;2004年获得世青赛男单冠军;2009年在亚锦赛中夺得团体、男单、男双和混双四项冠军,是中国首个四冠王。

2012年,马龙在世界杯中获得首个世界冠军;2013年,蝉联亚锦赛男单冠军,成为首位亚锦赛男单三连冠选手;2014年,成就亚洲杯四冠;2014年4月,当选中国乒乓男队队长;2015年,连续夺得世乒赛、乒乓球世界杯、国际乒联世界巡回赛总决赛男单冠军,成为乒乓球历史上首位一年内取得这三项世界大赛男单冠军的男子球员;2016年,获里约奥运会男单、男团冠军。

2017年1月15日,马龙获得2016年CCTV体坛风云人物"最佳男运动员"奖;2017年5月,马龙获得全国"向上向善好青年"称号;2017年6月5日,在德国杜塞尔多夫世乒赛上,马龙夺得冠军;2017年9月6日,在第十三届全运会乒乓球男单决赛上,马龙夺得冠军;2017年10月,马龙被评为第十三届全运会北京体育代表团"最佳运动员";2020年10月9日,马龙摘得全国乒乓球锦标赛双打金牌;2021年7月30日,马龙获得东京奥运会乒乓球男单冠军;2021年8月6日,马龙获得东京奥运会乒乓球男团冠军,实现"双圈全满贯",成为世界男子乒乓球"第一人"。

> **思想点睛**
>
> 我国的"乒乓小世界"是用光辉的集体主义精神铸造而成的。为了祖国的荣誉，许多运动员顾全大局，甘愿当陪练，成就了一大批优秀的世界级运动员。教练员更是如此，以忘我投入、顾全大局、乐于奉献的精神，始终把乒乓球事业放在第一位，视祖国荣誉高于一切。很多奥运会冠军曾表示，为了运动员在场上比赛没有后顾之忧，许多后勤人员在幕后操劳，运动员拿到冠军不是一个人的功劳，而是集体的荣誉。中国乒乓球运动员团结一致，群策群力，顽强拼搏，就是为了实现集体理想。无论时代怎样变化，爱国主义和集体主义始终是中国乒乓球队激励全体队员战斗的法宝和精神支柱。

第二节 乒乓球训练

乒乓球训练是指在教练员的指导和运动员的积极参与下，为了不断提高或保持运动员的比赛成绩而专门组织的一项有计划的训练工作。乒乓球训练的主要任务：提高运动员的技战术水平、理论水平、身体素质及比赛所需的心理素质和智力水平，培养运动员的爱国主义思想、高尚的道德品质和优良作风。

运动员的竞技能力一般包括技术能力、战术能力、体能、心理能力和运动智能五个方面，乒乓球训练就是围绕着提高这些竞技能力而展开的。其中技术能力和战术能力是乒乓球项目制胜的主导因素。

一、乒乓球技战术训练

（一）技战术训练内容

在比赛中运用技战术的最终目的是获得胜利，只有保证运动员具有稳定的技术，才可以实施高效的战术。乒乓球技术训练是战术训练的基础，战术训练也会进一步提高技术的适用性。战术训练的目的是培养战术意识，对技术动作做战术性转化，并提高应变能力和适应能力。技术训练要与比赛中的战术要求结合起来，做到赛练结合。乒乓球技术训练的目的是掌握技术动作结构和提高击球的质量，包括旋转、速度、力量、弧线、落点等。因此，技术训练时应对每一项训练内容的动作、落点、速度、力量、旋转、命中率等提出具体的要求，采用有序训练并逐步提高难度的方法。一个单项技术的基本功，从掌握动作到运用动作，从点到面，从局部到全面，从熟练到精通，由最初的学习体会动作阶段到完全贯穿在技术的全面掌握以至不断深化的过程之中，可以归纳为：掌握动作—巩固提高—不断深化。

技战术训练内容主要包括：

（1）单项技术定点练习。例如，正手或反手的攻球、弧圈球、搓球等。

（2）单项技术移动练习。例如，1/2 台、2/3 台或全台的正手攻球、弧圈球等。

（3）两项技术结合练习。例如，正、反手攻球结合练习，反手攻球结合侧身弧圈球练习，反手搓球结合正手弧圈球练习等。

（4）三项技术结合练习。例如，推挡后侧身攻，结合扑正手；搓下旋后拉冲，结合连续攻等。

（5）发球抢攻练习。例如，发下旋正手、中路或反手短球，抢冲下旋球（直线、斜线或中路）；发下旋或上旋半出台球，抢冲下旋球或上旋球（直线、斜线或中路）；发下旋或上旋长球，抢冲上旋球（直线、斜线或中路）；等等。

（6）接发球抢攻练习。例如，接发球摆短中路（正手或反手），抢冲下旋球（直线、斜线或中路）；接发球搓球或挑打，抢冲上旋球（直线、斜线或中路）；等等。

（7）相持球对攻练习。例如，两直对两斜；逢直变斜，逢斜变直；压反手，打正手；调正手，打反手；盯中路，打两边；全台对攻；等等。

（8）教学比赛。例如，计分赛、让分赛、关键球比赛、升降赛、对抗赛、淘汰赛、循环赛、公开赛等。

（9）多项技术结合练习。例如，下旋球结合全台不定点练习；发球后结合弧圈球全台不定点练习；接发球后结合全台不定点练习；等等。

（二）技战术训练步骤

1. 技术训练步骤

（1）熟悉球性。

熟悉球性的主要目的是使学生对球与球拍的物理特性有一个感性认识，体会球的大小、重量、弹性和不同球拍的性能，了解乒乓球的旋转、弧线、落点、速度、力量等变化的规律。

① 了解与体会握拍手指调节的方法及作用。

② 掌握判断来球旋转的方法，体会各种旋转球的反弹规律。

③ 了解与体会击球时用力方向、力度大小、拍面方向对球所产生的不同影响和效果。

④ 了解发力原理（鞭打动作），击球时学会身体协调用力。

（2）徒手练习。

徒手练习是初学者掌握正确技术动作的有效方法，通过肌肉的收缩和放松，可以使练习的动作在大脑皮层产生肌肉感觉进而形成动作表象。如果在教师的语言提示下进一步规范与强化动作，学生可以使正确动作的肌肉感觉不断在反复的练习中加以巩固。

徒手练习既可以是单个技术动作，也可以是结合性技术动作，还可以用于各种步法练习，关键是动作要领必须正确。

(3) 单一技术练习。

① 单一技术动作单线练习。

单一技术动作单线练习是最基础的训练。在进行单线练习时，初学者可以将注意力集中到技术要领上来，这有利于学习与掌握新的技术动作。在练习时，教师应尽量提供落点、速度、旋转、力量、弧线等相近的球，使学习者能够用基本相同的动作进行击球，从而能较快地掌握技术动作。同时，教师还可以不断地用语言进行提示，帮助学习者掌握技术动作的要领。

② 单一技术动作复线练习。

当学习者初步掌握技术动作要领以后，教师可提高一些练习难度，进行斜线、直线的练习。同一项技术打不同线路（斜线、直线）时其动作要领略有区别，需要在用力方向、拍面角度等方面进行调整，如果需要的话，还要移动步法以调整击球位置。

(4) 结合技术练习。

① 两种技术结合的定点线路练习。

两种技术结合的定点线路的练习有多种。例如，正、反手技术的结合，反手与侧身技术的结合，下旋球与上旋球的结合，短球与长球的结合，进攻与防守的结合，削球与反攻的结合；等等。

② 两种技术结合的不定点线路练习。

两种技术结合的不定点线路练习，即无规律地进行上述的各项练习。例如，不定点的正、反手弧圈球或攻球等。

③ 多种技术结合练习。

多种技术结合练习更加接近于实战。例如，接短球以后，正手或反手拉下旋球，然后连续攻；推挡后侧身正手攻，然后扑正手攻。多种技术结合练习可以是定点的，也可以是不定点的。

(5) 判断能力练习。

① 盯球能力练习。

持拍向上弹球或对墙击球，观察球的反弹弧线，体会击球时手上的感觉，观察不同旋转球的运行轨迹。

② 判断对方持拍击球练习。

盯住对方的动作、手型、板型，观察对方挥拍击球刹那的板型变化、移动方向、击球部位等要点，根据观察到的这些因素，快速调节自己的状态并积极应对来球。

③ 判断对方击球瞬间的变化练习。

看对方的引拍动作以判断进攻或防守、斜线或直线，以及对方的意图，看对方的身体动作以判断侧身或扑右、迎前或急退。

从定点、定线到不定点、不定线的过程要求有较高的反应能力和协调性，教师可增加高难度训练，以逐步接近实战的条件。在技术熟练的基础上，运动员可改变击球的节奏、弧线、落点等，打出多样的技术。如正手攻球在熟练的基础上可以调节快慢、轻重、落点变化等，从比赛的角度出发，打出快、准、狠、变、转的不同质量的球。

2. 战术训练步骤

（1）单个战术练习。

① 发球抢攻练习。例如，发正手短球、抢反手长球等。

② 接发球抢攻练习。例如，接发球反手劈长、正手反拉等。

③ 相持战术练习。例如，压反手、打正手、调正手、打反手等；或者拉攻、削中反攻等。

（2）复合战术练习。

① 从发球开始，第三拍抢攻，衔接连续攻等。

② 从接发球开始，第四拍抢攻，衔接连续攻等。

③ 发球抢攻，衔接拉攻等。

（3）个性化战术练习

扬长避短、克敌制胜是乒乓球战术的精髓。每个运动员都会有自己的技战术特长，应根据自身的技术特长，经过反复练习，形成个性化的战术，以便在比赛中克敌制胜。

（三）常用技战术训练方法

常用技战术训练方法是指那些在乒乓球训练中有着特殊作用且在日常训练中被广泛采用的训练方法，如多球训练法、模拟训练法、帮助训练法、指标训练法和比赛训练法。

1. 多球训练法

多球训练由于其练习密度高，供球难度可大可小，并节省捡球时间，可大幅度提高技战术训练的效果，从而受到广大教练员和运动员的喜爱。由于其练习强度较大，多球训练还可以作为体能训练的一种有效手段。因此，它无论是对初学者还是对优秀运动员都是一种非常有效的训练方法。多球训练的方法千变万化，按照其练习的形式，大致可以分为以下几种：

（1）单人多球练习法。

单人多球练习法是指一人供球一人练习的训练方法。这是最常见的一种多球训练方法，供球者根据练习者的技战术训练要求，可供给不同旋转、速度、力量和落点的球，以便提高练习者的各项技战术水平。另外，练习者还可以自己进行发球练习。单人多球练习如图3-2所示。

单人多球练习法

图 3-2　单人多球练习

（2）双人多球练习法。

双人多球练习法是指一人供球，两名运动员交替击球的训练方法。这也是一种较为常见的练习方式，其优点是可模拟比赛中的一个回合连续击球 3~8 拍，并做短暂的休息调整后再进行下一组练习。该练习方法还适用于双打练习。

（3）多球单练法。

单人训练时，采用多球的方式，节省捡球时间，增大训练密度，提高技战术训练的效果。

多球训练虽然是一种很有效的训练方法，但其供球方式与比赛实际的击球方式还有较大的差距，因此在使用多球训练时要注意以下三个问题：

① 不能用多球训练代替单球训练，多球训练与单球训练的时间安排比例一般为 1∶3，至多是 1∶1。

② 进行多球训练时应对命中率有一定的要求，防止练习者击球过于随意，只追求练习的数量，而不讲求练习的质量。

③ 进行多球训练时应对供球者的节奏提出要求，可与单球节奏相匹配，或练习者根据需求自定节奏。

2. 模拟训练法

乒乓球模拟训练是指一部分运动员模拟对手的打法，与主力队员进行训练与比赛，使主力队员能够适应对手的技战术特点，以便在比赛中赢得主动。从 20 世纪 50 年代末开始，中国乒乓球队在备战世界大赛中一直采用模拟训练的方法，这是中国乒乓球保持长盛不衰的重要方法之一。

乒乓球是唯一可以采用不同材质击球工具（球拍）的运动。球拍胶皮可分为反胶、正胶、生胶、长胶、防弧胶等，即使同一种胶皮，其型号不同，与之相匹配的海绵厚度、弹性不同，击球效果也会有较大的差异。加之，运动员的握拍方法（左、右手，横、直拍）与技战术特点不同，会造成球性差异巨大。因此，运动员想要在比赛中取得优异成绩，必须适应各种各样的打法。让一部分运动员模拟对手，不仅可以在技战术方面，而且还可以在心理上，让主力队员适应对手的击球球性和产生强烈的真实感,这是模拟训练法具有良好效果的重要原因。例如,20世纪60年代初,日本发明了弧圈球,中国队由廖文挺、余长春模拟日本运动员进行模拟训练,取得了极其明显的效果。

3. 帮助练习法

帮助练习法,即一种需要他人帮助的练习方法。

(1) 男帮女训练法。

由于女子运动员在力量、速度、击球意识等技术质量方面与男子运动员存在着一定的差异,因此采用男帮女训练方法,可以有效地提高女运动员技战术训练的难度和强度,有利于女运动员更快地提高技术水平。中国乒乓球队的训练实践证明,男帮女训练法是提高技战术训练质量、加速女运动员成长的有效手段。

(2) 高帮低练习法。

同样的道理,年龄大且技战术水平高的运动员帮带年龄小、技战术水平低的运动员,也非常有利于他们技战术水平的快速提高。与比自己水平高的运动员一起练习,他们不仅可以提高训练质量,也能增强身体素质。

(3) 按自己要求陪练法。

请对方按自己的要求进行陪练,有利于有目的地提高自己的单项技术或某项战术水平。

4. 指标训练法

指标训练法是以完成规定指标为目的的训练方法,如右方斜线对攻,以累计对攻500板为限。指标训练法可以使运动员及时得到定量的反馈,刺激性强,有利于调动运动员训练的积极性。具体包括以下两种方法:

(1) 双方共同完成指标法。双方共同努力来完成指标的练习,如上述正手对攻500板。

(2) 单方完成指标法。一方完成规定指标的练习,如发球抢攻命中50板。

5. 比赛训练法

训练是为了在比赛中取得优异的成绩,而比赛又是全面检查训练效果的最直接的方法,因此在训练中常常采用各种各样的比赛训练方法,以检查和提高运动员技战术的实战能力。比赛训练法包括检查性比赛、测验性比赛、关键分比赛、专门性技战术比赛、适应性比赛等。

(1) 检查性比赛。

检查性比赛是检验一个时段技战术训练效果的比赛。该时段可长可短,如一次训练课或者一周,它是进行技战术训练内容安排和调整的重要依据。

例如,在每次训练课的最后20分钟进行3~5局记分比赛,可与同一对手比赛,也可以轮换对手。在周末可组织队内比赛,或者与外队进行对抗赛,既可以采用单淘汰、双淘汰的比赛方法,也可以采用循环或团体比赛的方法。

(2) 测验性比赛。

在训练中，可根据一定的技术或战术要求，如发球、攻球、拉弧圈球等，或发球抢攻、接发球抢攻等进行比赛。在这种比赛中，一般不以胜负为目的，要求多用、活用规定技术或战术，以便观察和发现训练中的问题。

(3) 关键分比赛。

通常情况下，将比分为8∶8以后的比赛定为关键分比赛，其目的是培养运动员在关键时刻运用战术的果断性与有效性。教练员可以在训练中设计各种各样的关键分比赛，例如，从8∶8、9∶9、10∶10开始比赛，也可以进行一分定胜负的擂台赛、让分赛等。

(4) 专门性技战术比赛。

把某一种技术或战术作为比赛的内容，根据事先的规定（如发球后第三拍必须进攻、接发球不允许搓球等）进行比赛。这种训练有助于强化运动员某一项技术或战术的应用意识与实战能力。

(5) 适应性比赛。

乒乓球是一项精细运动，当运动员处在陌生的环境中进行比赛时，环境会对其球感与情绪有一定的影响，因此，运动员在参加比赛前要对比赛地点、气候、时差、饮食习惯、比赛场馆等因素进行适用性训练。如果是参加重大的国际比赛，还可以挑选与正式比赛相似的比赛环境进行适应性比赛，提前适应比赛用球的弹性、软硬度，球台的弹性、光滑度等，了解不同地区、不同国家观众的观赛习惯与情绪，并且对裁判员可能发生的错判、漏判等情况提前准备好应对策略与措施。

二、乒乓球运动员身体素质训练

乒乓球运动属于技能主导类项目，具有体积小、速度快、旋转强、变化多等特点。为适应各种复杂的变化，运动员必须经常从一个动作、一种技战术转换到另一个动作、另一种技战术，运动员必须具备优良的身体素质才能以灵活的动作应对，其中爆发力、反应速度、移动速度和灵敏性对乒乓球运动员来说尤其重要。随着乒乓球运动朝着更加快速、凶狠和积极主动的方向发展，比赛的对抗性越来越强，良好的身体素质是意志、心理、技术、战术全面对抗的基本保证。尤其是国际乒联对乒乓球比赛规则的3个重大改革措施，对乒乓球运动员的身体素质提出了更高的要求。

身体素质是运动员在运动过程中机体各器官系统在中枢神经系统的支配下所表现出的各种基本的运动能力。这些素质主要包括力量素质、速度素质、灵敏素质、耐力素质和柔韧素质。这些素质的好坏取决于运动员身体的体型结构、各器官系统的功能状态、能量物质的储备及身体的健康状态。

(一) 乒乓球力量素质

1. 力量素质的定义

力量素质是指人体肌肉工作时克服阻力的能力，它是竞技运动所需要的重要素质。肌肉力量的提高有助于加大击球力量，有助于提高步法移动的灵活性，有助于从事大运动量的训练和激烈的比赛。

从乒乓球运动实践来看，运动员的起动、移动和大力扣杀等击球动作，都需要肌肉在短时间内以大力量快速度收缩，从而表现出较强的做功能力。由此可见，乒乓球运动员所需要的力量是一种快速力量，即爆发力。力量（尤其是快速力量）的训练对乒乓球运动员来说显得特别重要。

2. 力量素质训练的要求

（1）确定负荷或阻力大小。

一般在进行力量素质训练时都会有一定的负荷，这种负荷是以阻力的形式出现的，如杠铃的重量、重复的次数，以及占身体极限用力重量的百分比等。因此，在进行力量训练时首先要确定这个阻力的大小。

（2）选择适宜频率。

在力量训练中，频率的确定是十分重要的，不同频率会对不同种类的力量产生不同效果，如较高的频率更容易刺激肌肉产生兴奋性的扩散，较低的频率给肌肉带来的刺激则不足。所以只有根据运动员的实际情况找到最适宜的力量素质训练的频率，才能有利于运动员进一步提高力量能力。

（3）注意呼吸调节。

运动员在力量训练中呼吸是否顺畅决定了他们的训练效率。经常有运动员以憋气的方式获得更大的力量，这种方法并不科学，容易引起脑贫血甚至休克。

（4）合理安排时间。

在一节训练课中，上量的训练可采用两次重复法，即在每堂训练课的基本部分开始和结束时安排上量的力量训练，或者采用波浪式交替法。但不管力量训练的方法和节奏是什么，在每次力量训练的间隙都要安排适当的休息时间，做好相应的恢复运动。

（5）一般力量训练和专项力量训练相结合。

专项力量应与专项运动能力训练科学结合，与专项技术的用力方式融合在一起，这是提高专项力量素质的有效途径。一般力量训练只是在综合层面上起到作用，专项力量训练在提高乒乓球水平方面更有针对性，因此，在力量训练中要将两种训练内容相结合。

3. 力量素质训练的方法

提高乒乓球运动员专项力量素质的常用训练方法有以下几种：

（1）上肢力量素质训练。

① 手持铁拍或小哑铃作正手攻、正手拉弧圈球、反手攻、反手拉弧圈球、正手扣杀、正手削球、反手削球等单个动作练习，设定好次数与组数。攻球练习如图 3-3 所示。

正反手攻球练习

图 3-3　手持小哑铃做正反手攻球练习

② 穿沙衣（或绑沙袋、肩扛杠铃）做快速提拉练习，计时计数。

③ 肩扛杠铃（或穿沙衣、绑沙袋）做左右侧滑步、左右侧跨步、交叉步等步法练习，计时计数。

④ 手持小哑铃，前臂快速弯举；正握哑铃弯举，同时做内旋动作或反握哑铃弯举，同时做外旋动作；手持哑铃做前臂向内与向外绕环动作，计时计数。弯举练习如图 3-4 所示。

弯举练习

图 3-4　手持小哑铃做弯举练习

⑤ 用多球送半高球或高球，要求练习者大力扣杀，计时或计数。

（2）下肢力量素质训练。

① 肩扛杠铃做负重蹲的静力性训练，根据实际情况整个动作持续时间为 10~30 秒。下蹲的过程有半蹲和全蹲两个阶段，身体由直立到半蹲需要 6 秒的时间，半蹲维持 6 秒，再用 6 秒完全蹲下；起身阶段的时间设定一样。另外，可增加难度，在半蹲阶段做左右侧滑步行进的练习等，这个动作的完成速度以慢速为宜。

② 运动员在杠铃负重的条件下，做侧跨步行进、左右跨跳、提踵等动作。

（3）其他力量素质训练。

① 蛙跳。主要对腿部的力量进行训练。

②跳栏架。每隔1米左右的距离放置一个栏架，栏架的高度和个数根据运动员的实际情况进行调整，要求运动员在连续跳跃的过程中并拢膝关节。

③后抛实心球。对腰部、肩部、腿部和髋关节力量进行训练。两脚开立与肩同宽，双手持球位于身体前面，背向投球方向，身体弯曲下蹲蓄力，然后利用挺髋和腿部的爆发力将球从头后上方抛出。

4. 力量素质训练的注意事项

（1）力量素质训练的强度通常较大，因此在进行训练前要充分做好准备活动。对于力量素质训练的内容，要明确训练目标，并且秉承循序渐进的原则，确定好适当的负荷量。

（2）制定必要的运动性伤病应急措施，以应对可能在力量训练中出现的伤病问题，确保运动员在受伤后的第一时间得到妥善处理。

（3）进行乒乓球力量素质训练时，在重视局部力量训练的同时也不能忽视整体力量素质的训练，这是由乒乓球运动技术动作的特点决定的。身体的许多部位都会参与到协同发力之中，忽视其他部位的训练不利于更加精准地控制技术动作，从而影响整体发力的效果。

（4）乒乓球力量训练的强度普遍较大，在安排训练内容时需要按照交替进行的方式轮流进行，以减少同一部位的疲劳损伤。

（5）力量训练是一项长期的训练内容，只有持之以恒才能长久地保持较高水平的肌肉力量。

（二）乒乓球速度素质

1. 速度素质的定义

速度素质指有机体或机体某部位快速移动的能力。根据乒乓球运动项目的特点，运动员在比赛中要判断快、反应快、起动快、摆臂快、移动快，只有这样才能在比赛中把握每一个有利时机，积极争取主动。速度素质包括反应速度素质、动作速度素质和移动速度素质。乒乓球运动员所需要的专项速度是非周期性的，它具体包括三个方面：判断的反应速度、脚步的移动速度和挥拍击球的动作速度。

2. 乒乓球速度素质训练的要求

（1）各项身体素质训练应注意速度素质与其他素质的有机结合。

（2）乒乓球速度素质的训练，不宜在身体疲劳时进行，一般应安排在训练的前半部分进行。

（3）选用练习的动作，应是可用最高速度完成的。

（4）每次练习的持续时间应在20~30秒，练习次数不宜过多，以防因机体疲劳导致反应变慢、动作速度变慢，妨碍速度素质的发展与提高。

（5）在进行专项身体训练时，练习的动作结构应与专项技术动作相似。

（6）乒乓球速度素质训练应与灵敏素质的训练相结合，以便达到较好的训练效果。

（7）安排好练习的间歇时间和休息方式，使运动员的机体相对得到恢复，以保障下次练习的体能。

3. 速度素质训练的方法

（1）提高反应速度的练习方法。

① 托球或颠球，听口令做各种形式的变速、变向跑。可以 30 秒或 60 秒为一组进行练习。

② 选择正手攻球、推挡、搓球、扣杀、拉冲弧圈球、反手攻等技术动作，以 30 秒或 60 秒为一组，通过看手势或听信号方式，进行上述各种技术动作的挥拍练习。

③ 以 30 秒或 60 秒为一组，通过看手势或听信号的方式，进行前后左右的各种步法练习，也可将手法和步法结合起来进行练习。

④ 两人在球台的两侧，徒手模拟想象性比赛，一方做出击球动作，另一方根据对方的击球动作立即做出相应的还击动作，以 30 秒或 60 秒为一组。

⑤ 采用发多球或发球机连续供球，变换落点、旋转和速度，练习者快速做出相应的还击动作，以 100 个或 150 个球为一组。

（2）提高移动速度的练习方法。

① 选择正手连续进攻的步法，如推挡侧身攻的步法、推挡侧身攻扑正手的步法、挑接台内球→侧身攻（拉）→扑正手的步法、左推右攻步法、正反手削球左右移动的步法、削接长短球的前后步法等，以 30 秒或 60 秒为一组计数练习。

② 选择并步或交叉步，在 2.5 米距离内，进行左右快速移动，以 30 秒或 60 秒为一组计数。

③ 选择并步、跨步或交叉步进行左右快速移动，并用单手或双手触摸球台面端线处，以 30 秒或 60 秒为一组计数练习，如图 3-5 所示。

④ 用滑步依次跑边长为 2 米的等边三角形的三边，连续重复 3 遍为一组，做 3～5 组，也可采用计时的方法。

⑤ 练习者两脚站于球台左边边线延长线的右侧，听到口令后按逆时针方向绕球台跑 1 周或 2 周。可采用计时或分组比赛的方式进行练习。

连续推侧扑

图 3-5　单手摸球台

单手摸球台

（3）提高动作速度的练习方法。

① 选择正手攻、反手推（攻）、正手拉弧圈、反手推挡、左推（拉）右攻（拉）、正手削球、反手削球、正反结合削球等技术动作，进行快速挥拍练习，以30秒或60秒为一组计数练习；也可采用手握铁拍或小哑铃做以上技术动作的快速挥拍练习，以20秒或30秒为一组计数练习。

② 采用多球练习，供球者加快供球的速度，以提高练习者正手攻球、正手弧圈球、正手削球、反手削球、正手攻（拉）+反手推（拨，拉）、攻球结合拉球等击球动作的挥拍速度，以100个球为一组，完成3~5组。

4. 速度素质训练的注意事项

（1）乒乓球速度素质训练需要在运动员身体状态良好的情况下进行，训练时注意训练的质量，而不要过度追求数量。

（2）乒乓球速度素质的提升不是一个短暂和简单的过程，它是多种素质相结合形成的，因此还需要结合灵敏性、快速爆发力等素质的练习。

（3）一般的速度练习内容的持续时间都在20~30秒，练习组数也不要太多。疲劳的身体和减慢的反应不利于运动员速度素质的提高。

（4）速度素质训练中对于负重练习的方式运用应该谨慎一些。如果需要使用，在做专门性动作速度练习时，重物的质量应该比单纯发展力量时要小。而如果要将重物运用在专项动作上，所持握的重物应该只稍微高于专项标准，如使用铁质的球拍。

（5）进行专项速度训练时所设计的动作结构，应与专项技术的动作结构类似。

（6）乒乓球速度素质的训练方法不应太多太散，但也不能过于单一，除训练方法和手段外，还可以通过改变训练节奏和频率来解决多样化问题。

（三）乒乓球耐力素质

1. 耐力素质的定义

耐力素质指有机体长时间工作的抗疲劳能力。耐力素质对改善和提高乒乓球运动员的心血管及呼吸系统的功能有着极其重要的作用，它能保证运动员的器官有足够的能量储备，迅速消除代谢产物，抑制和延缓疲劳，提高运动员身体活动的耐久力和协调性。耐力素质包括一般耐力素质和专门耐力素质。

乒乓球运动属个人对抗项目，比赛越到后期越激烈。运动员的大脑皮层较长时间处于紧张状态，对运动员的专项耐力有较高的要求。乒乓球的专项耐力是与速度、灵敏素质紧密结合的。专项耐力不好，必然会影响到击球的速度、力量，以及动作的灵敏性和协调性，进而对比赛结果产生影响，因此，耐力素质也是乒乓球运动员所必须具备的运动素质之一。

2. 耐力素质训练的要求

（1）乒乓球耐力素质训练一般安排在训练课基础部分的后半段。

(2) 在乒乓球耐力素质的训练中应对有氧耐力训练给予较高的重视。

(3) 在专项耐力素质的训练中，运动员要承担较大的负荷，以此来提升专项耐力水平。

(4) 耐力训练通常较为单调，并且大强度训练往往会使运动员感到厌倦，但这同时也是培养运动员意志品质的良好方式。

3. 耐力素质训练的方法

乒乓球虽然不像篮球、足球那样对运动员的体能和其他身体素质有着较高的要求，但耐力较好的运动员更容易在比赛中，特别是在比赛后期占据一定的体能优势。常用的乒乓球耐力素质训练方法有以下几种：

(1) 徒手动作挥拍练习。要求模仿发力的攻球或弧圈球技术动作，注意腰腿配合发力；或模仿各种结合技术（推挡侧身扑正手、左推右攻结合侧身攻等）动作的练习，时间为3分钟，强调手法和步法的结合。

(2) 在2.5米的距离内，进行左右跳步、并步或交叉步移动练习，或摸球台两端端线，以3~5分钟为一组，完成3~5组。

(3) 多球练习。较长时间的多球练习可以提高运动员的专项耐力。可采用全台移动中攻球或拉弧圈球练习、推挡→侧身→扑正手练习、削接长短球练习等，以200~300个球为一组或3~5分钟为一组；或两人在移动中轮流扣杀半高球的练习，以3~5分钟为一组，完成3~5组。

(4) 根据个人情况在规定时间内完成3 000米长跑。

(5) 连续跳绳3分钟，跳绳的样式要多样化，如单摇、双摇、正摇、反摇、单脚跳等。

(6) 比赛练习。采用多场次、高强度的连续比赛的方法。

4. 耐力素质训练的注意事项

(1) 耐力素质训练应安排在训练基本部分的后半段进行。

(2) 耐力素质训练要注意有氧耐力训练和无氧耐力训练的结合。

(3) 耐力素质训练对运动员体能的消耗较大，因此在安排负荷量时，一方面要符合运动科学规律，另一方面还要依据运动员的个人情况而定。

(4) 在耐力素质训练中，要关注呼吸的协调作用，通过指导和实践，使运动员掌握相关耐力训练呼吸配合与调节方式，从而使机体保持良好的运动状态。

(5) 耐力素质训练要循序渐进，不要在短时间内突然加大训练强度，这样容易导致运动员出现伤病。

（四）乒乓球灵敏素质

1. 灵敏素质的定义

灵敏素质是指人体在各种条件下能准确协调地完成复杂动作的能力。灵敏素质可以改善专项技术动作的协调性，可提高对对手进攻意图的判断、反应和迅速起动的能力。灵敏素质包括一般灵敏素质和专门灵敏素质。

乒乓球运动员在临场比赛时，随机应变能力要强，要在 0.3～0.58 秒内对来球的速度、落点及旋转性能，做出及时的判断，并根据对手的站位迅速做出反应，动作转换要迅速准确，战术运用要灵活多变，这样才能掌握主动权，取得比赛胜利。因此，灵敏素质也是乒乓球运动员的一个非常重要的运动素质。

2. 灵敏素质训练的要求

（1）提高运动员的灵敏素质的关键在于提升大脑皮质神经过程的灵活性和兴奋度，这样才能使运动员的相关运动器官对外界的刺激做出迅速的反应。

（2）决定灵敏素质的元素很多，如力量、速度、协调性等。因此，灵敏素质的发展可以从提升这些元素做起，特别是要结合乒乓球运动的特点来组合设计符合实际需求的训练方法和内容。

（3）灵敏素质的训练需要运动员在身体情况良好时进行。训练的负荷安排要高，但持续时间和重复的次数要适当，每组练习间要留有适当的休息时间。

3. 灵敏素质训练的方法

提高灵敏素质可以进一步改进专项技术动作中的协调性，从而提高动作的准确性。在专项运动中，改进灵敏性的最好方法是在对抗中正确、快速地反复练习这些动作。重视发展专项技术的协调性是提高专项灵敏素质的重要途径之一。专项灵敏素质通常与专项技术敏捷、灵巧和精确紧密相关。提高专项灵敏素质的常用方法有以下几种：

（1）用球拍托或颠球快跑，可采用分组比赛的方式进行练习。

（2）两人一组，跑动中不断用拍相互传接球，采用比赛的方式进行练习。

（3）将学生分为若干组，每组 5—8 人，在球台四周调整好距离，各组球员绕台移动轮流击球，采用比赛的方式进行练习。

（4）按事先规定，听哨声或看手势，向前跑、后退跑、急停等。

（5）看或听到信号后按要求变换各种步法结合练习。

（6）多球不定点练习。

4. 灵敏素质训练的注意事项

（1）运动员灵敏素质的培养还与其对事物的专注度有关。因此，越是能够集中注意力的运动员，其准确分析动作的能力越强，做出正确反应也就越快。

多球不定点练习

（2）运动员的灵敏素质的培养与其他很多素质相关，因此这是一个长期的培养过程。不要试图仅仅依靠采用突击训练的方式就想获得素质的短期提升，这会对运动员的身体造成伤害。

（五）乒乓球柔韧素质

1. 柔韧素质的定义

柔韧素质指人体各关节的活动幅度，肌肉、韧带的伸展性和弹性。良好的柔韧素质对乒乓球运动员掌握高难度动作、防止运动损伤有着重要的作用。踝、膝、髋、肩、肘、腕关节的灵活性对运动员完成每次击球动作都有直接的影响。因此，乒乓球运动员也应重视对柔韧素质的训练。

2. 柔韧素质训练的要求

乒乓球运动对运动员的手腕和腰部的柔韧素质要求较高，多见于比赛中运动员的转腰、拧腕发球和击球，在训练中应加强这方面的练习。与腰部相比，乒乓球运动对机体其他部位的柔韧性要求相对较低。另外，乒乓球运动员的柔韧素质具有一定的年龄特点，随着年龄的增长，柔韧素质退化较快，因此，为保持或进一步提高柔韧素质，需要经常进行这方面的训练。

3. 柔韧素质训练的方法

（1）单人徒手练习。采用前屈，身后屈，体侧屈，体转，持棒转肩，腕、肘、肩、膝、踝关节绕环，侧压腿等练习。

（2）双人徒手练习。采用两人背对背的形式进行体前屈、体后屈、侧向弓箭步等练习；也可采用两人面对面的形式进行屈体压肩、坐姿（分腿互顶）交替前后屈等练习。

（3）采用肋木、棍棒、小哑铃等器械进行压腿、摆腿、踢腿、压肩、转肩、向前弓箭步，以及腕、肘、肩、髋、膝、踝等关节的绕环练习，提高身体各部位肌肉韧带及关节的灵活性。

4. 柔韧素质训练的注意事项

（1）在乒乓球柔韧素质训练中，要始终秉承循序渐进的原则，不能操之过急，否则会增加运动性损伤的概率。

（2）练习的过程中每一种动作都要在规定的范围内完成，切记不能发蛮力。练习时运动员应更注重放松及拉长肌肉和韧带。

（3）在乒乓球柔韧素质训练中，要选择经验丰富的辅助练习者。训练的内容要力求动静、左右、上下等相结合。

三、乒乓球运动员心理训练

（一）心理训练的定义及作用

现代竞技体育的水平越来越高，优秀运动员之间的技术水平非常接近，运动员的心理状态在比赛中往往起到了较大的作用。因此，心理训练与技术、战术、体能和智能训练相结合，构成一个完整的乒乓球运动训练体系。

心理训练是指采用有针对性的方法，调节乒乓球运动员在训练和比赛过程中的心理状态，消除心理障碍，以保证运动员高质量地完成训练任务，在比赛中取得优异的成绩。心理训练主要有两方面的作用：

（1）提高运动员的心理稳定性和适应性。心理训练可以提高运动员在各种困难、复杂、紧张条件下心理的稳定性和适应性，使运动员能够控制自己的心理活动，获得最佳的心理状态，从而在比赛中发挥技术水平。

（2）消除运动员由于紧张、压力等因素造成的心理障碍，如临场情绪过敏、心理疲劳、动机不足、运动感觉迟钝、大脑空白等。

（二）心理训练的内容

心理训练的内容按时间可分为长期的心理训练、赛前的心理训练、比赛中的心理调控和赛后的心理调整几个部分，具体内容包括动机、态度、注意力、意志品质、放松恢复、心理状态调节等。

1. 一般心理训练

（1）注意力集中训练。

注意力集中训练，可以帮助运动员学会全神贯注于训练与比赛，不受任何外来刺激的影响和内心杂念的干扰，始终把心理活动指向和集中于当前的训练与比赛任务上。常用的方法有视觉守点法、视觉追踪法、意守法等。

① 视觉守点法：选择一个固定的视觉目标，对其仔细观察几秒钟后，闭上眼睛努力回忆被观察对象的形象，如果回忆起来的形象有某些地方不清楚，可再次仔细观察，然后闭眼回忆，直到能够十分清晰地回忆出被观察对象的形象。

② 视觉追踪法：选择一个活动的物体作为视觉目标进行观察，如注视手表秒针的转动。每天进行几次这样的练习，经过一段时间后，便能够起到良好的效果。

③ 意守法：把注意力集中在所要完成的动作或活动上，不为外来刺激和内在因素所干扰。

（2）念动训练。

念动训练是指运动员有意识地、积极地利用头脑中形成的运动表象或充分利用想象进行训练的方法。念动训练时可用默想，也可结合观看技术图片或比赛视频进行回忆。进行念动训练时，运动员在安静和放松的情况下，集中注意力在头脑中想象自己正在进行的某一项运动或某个动作。开始时每天训练 5 分钟，随着控制表象能力的提高，可增至 5~15 分钟。

念动训练既可以在练习前进行，也可在练习后和休息期间进行。注意力要高度集中，并把回忆与完成动作时的运动感觉结合起来。在此基础上，进一步形成技术动作的概念，加深对技术动作的理解和掌握。

（3）自生法训练。

自生法训练是一种积极的自己指导自己的心理训练方法。运动员掌握了这种方法，能逐渐产生自动反应能力，当出现紧张状态时，身体会放松，使整个身体和大脑恢复到协调状态。自生法主要有6种练习方式：沉重感练习、热感练习、平静心跳练习、呼吸练习、胃部练习和额头练习。

学会了这6种简单的练习方式，运动员就掌握了最基本的自生法，一般就能很快体会到它的效果，增强自信心，每当需要的时候，都可以用这种方法使自己迅速进入平衡状态。

（4）生物反馈训练。

生物反馈训练是借助现代化仪器，把机体的生理信息传递给运动员，使其经过反复练习，学会调节自己的生理机能。

这种方法的原理是使用电子仪器将机体生理过程变化的信息适时地反馈到生物机体本身，使其即刻知道自己的生理功能变化的情况和趋势，做到自己能够控制自己。

2. 比赛心理训练

（1）模拟训练：是指针对比赛中可能出现的情况或问题进行实战的反复练习，为运动员参加比赛做好适应性准备。

模拟训练首先应对比赛对手、比赛环境等进行详细的了解和分析，然后安排训练和模拟比赛，使其内容尽可能与即将面临的正式比赛过程中可能发生的情况和变化相似，以免被意外发生的情况干扰。

（2）放松训练：是指运用引导语使肌肉放松、心里平静，从而调节植物性神经系统的机能，使其由强变弱；然后再用带有一定愿望的引导语进行自我动员，使自己振奋起来，并进入较好的竞技状态。

（3）表象重现法：是指运动员在训练或比赛之前，通过回忆重现过去获得成功的场景，运用联想尽可能回想其过去获得成功时的身体感觉和情绪状态。

（4）表情调节法：是指运动员有意识地改变自己的面部表情或姿态，以调节情绪状态的方法。人的情绪状态与外部表情存在着密切的联系，如当情绪紧张而感到焦虑的时候，可以有意识地放松面部肌肉。

（5）活动调节法：是指运动员通过肌肉活动，增加向大脑传递的冲动，从而提高大脑的兴奋水平，使自己的情绪更加高涨。因此，当情绪低落时，运动员可进行一些幅度小、强度大、速度和节奏快的变向活动，提高情绪的兴奋水平。

（6）呼吸调节法：是指利用呼吸调整稳定运动员情绪波动的一种方法。例如，当情绪紧张、激动、呼吸短促时，运动员可采用缓慢的呼气和吸气练习，达到放松情绪的目的。当情绪低落时，运动员可采用长吸气与有力的呼气练习，提高情绪的兴奋水平。

（三）常见心理现象及调控

1. 心理紧张及调控

在包括乒乓球运动在内的各种体育运动中，运动员经常会产生心理紧张的现象，造成这种情况的原因是多样的,如运动员体能的恢复不完全、对训练或比赛的恐惧心理、运动成绩带来的压力等。

过度紧张会对运动员造成困扰,甚至影响他们的身体状态。下面阐述几种克服紧张情绪的方法。

(1) 表象放松法:这是一种运动员通过想象其身处舒适自然的环境,并将这种感觉传递到身心,从而获得放松感的方法。表象放松法的使用效果主要取决于所构想的表象环境是否清晰、是否确实能带来放松感。每个人心理层面的舒适区不同,这就使得在进行表象放松时,需要合理指导运动员找到自身的舒适区,以提高对运动员的刺激强度。

(2) 阻断思维法:当运动员产生紧张心理后,一时间可能很难从这种感觉中"跳"出来,此时如果能出现一种突然性的信息刺激,就可能会暂时使运动员从紧张心理中脱离出来。例如,在比赛刚开场时因观众多而出现紧张心理,为了克服紧张,可以在打球后高喊一声迫使这种消极意识中断。暂时的中断既可以缓解紧张心理,又可以有时间让积极的思维取而代之,还可以是教练员阻断运动员紧张思维的信号。

(3) 自我暗示放松法:这是利用冥想的形式使自身肌肉按照一定的顺序和方式得到彻底放松的方法。这种缓解紧张心理的方法起初需要教练员的引导,在进行过多次后,运动员可以尝试自我完成。这个方法的难点在于是否能够尽快进入到冥想的状态,是否能将暗示与实际的放松相结合。

2. 心理胆怯及调控

胆怯心理对于运动员来说属于负担较重的一类心理感受。为了缓解胆怯造成的心理负担,首先要找出运动员心理胆怯的原因,从而对症下药。对于乒乓球运动员来说,一般出现胆怯心理的原因主要有以下几种:

(1) 缺乏自信,认为自己能力过低。
(2) 在与实力明显高于自己的选手比赛时出现强烈的畏难、胆怯的心理。
(3) 高级别比赛给运动员带来压力。
(4) 想赢怕输的心理造成运动员畏手畏脚、不敢放手打。
(5) 忌惮众多观众。

3. 消极情绪及调控

消极情绪是当运动员的心理负荷超出所能承受的范围后产生的一种责任丧失的心理体验。造成消极情绪的原因主要是运动员过重的心理负担、强烈的恐惧感和自信心的丧失,表现在行为上就是消极比赛。为了克服这种消极情绪,常采用的方法有激励法、转移法、自我暗示等。

4. 激动情绪及调控

随着比赛的临近,运动员会出现情绪逐渐激动的心理,表现为心跳加快、呼吸短促、越发焦虑等。这是比赛来临的正常表现，但如果过度激动则可能会导致表象和知觉不够连贯、记忆力下降等问题。对于情绪过于激动的运动员，调控的方式有以下几种：

（1）运动员的个人特点决定了他们的情绪激动程度。性格张扬的运动员相比性格内敛的更容易出现激动情绪。因此，对于性格张扬的运动员，在日常的训练中就应该用调控情绪的语言加以指导，以起到适当控制情绪迸发的作用。

（2）运动员的训练水平和比赛经验决定了他们的情绪激动程度。这种情况在青少年运动员中较为常见。为此，可以从强化运动员的训练水平和增加比赛机会入手进行调控，以使运动员对训练或比赛的刺激反应度适当减弱。

（3）修正运动员的参赛动机。

四、乒乓球各类打法的训练内容

在乒乓球运动的发展过程中，曾经有多种打法类型，如快攻打法、弧圈球打法、快攻结合弧圈打法、弧圈结合快攻打法、削攻结合打法、削球打法等。随着乒乓球器材的改进和技术的创新，乒乓球的各种打法越来越趋于同质化，目前主要分为进攻型（弧圈）打法和防守反攻（削攻）型打法两大类。这两类打法的技术特点和风格不同，相应在竞技能力训练的内容和要求上也大不相同。

（一）进攻型（弧圈）打法的技战术训练

1. 打法的特点和战术风格

技战术特点：以旋转和速度结合为主，近打主动，远打相持，攻防转化。

战术风格：转、快、狠、准、变。

个人战术风格：稳中带凶、以凶狠为主和稳凶均衡。

2. 训练的基本要求

（1）横拍进攻型打法的训练，要注意培养正反手拉弧圈球的速度和前三板抢拉能力，以及中远台的相持能力和由防御转进攻的能力。

（2）必须练好凶、稳结合和有旋转、节奏变化的拉球技术，还要进一步研究拉强烈旋转配合不转的弧圈球、侧旋弧圈球，并要能随时主动改变拉球的节奏，以达到能凶能稳、能快能慢，使战术有更多的变化。

（3）必须具备一定的防御能力，不能有明显的漏洞。在现代乒乓球比赛中，不断交替出现主动与被动、进攻与防御的场面，如果只有进攻没有防守，要想在比赛中获得主动根本行不通。

3. 训练内容

（1）技术能力。

① 技术数量：进攻技术、控制技术和防御技术。

② 技术质量：击球的旋转、速度、力量、落点，以及击球的准确性等。

（2）战术能力。

① 变化能力：旋转和速度相结合，落点与节奏变化相结合。

② 适应能力：主要是适应速度与旋转的变化，适应不同对手的落点、力量和击球节奏变化。

（3）心智能力。

① 判断反应能力：能够观察和判断来球的旋转、速度及落点，并进行有效反击。

② 控制比赛能力：乒乓球比赛中，随着比分的变化，赛况也瞬息万变，不同阶段（开局、中局和尾局）的技战术运用差别很大，因此，运动员要有较强的"阅读"比赛进程、把控比赛局面的能力。

（4）身体能力。

① 爆发力：在移动中连续拉冲、发力爆冲的能力。

② 移动能力：中、近台或中、远台的快速横向移动。

③ 协调能力：连续的移动进攻中，保持身体重心的平衡。

④ 耐力：专项速度耐力、力量耐力和一般耐力。

（二）防守反攻型（削攻）打法的训练内容

1. 打法的特点和战术风格

技战术特点：以旋转变化为主，攻防转化。

战术风格：转、稳、低、攻、变。

个人战术风格：稳中带凶、旋转多变和攻守兼备。

2. 训练的基本要求

（1）加强旋转变化能力的训练。以加转为主，通过旋转变化扰乱对方节奏，争取主动。

（2）提高削球的稳定性。要注意做好对来球的判断、击球时间和挥拍击球速度的把握，击球动作要随来球性质不同而变化。

（3）注意把防守的变化和进攻的变化结合起来。

（4）具体要求：

① 判断方面。要特别注意判断来球的方向、落点和旋转，不能只考虑旋转。

② 基本姿势方面。削球的准备姿势以将球拍置于上体体前为宜。

③ 步法移动方面。正反手削球要求步法不能停顿，需要不停地移动。

3. 训练内容

（1）技术能力。

① 技术数量：削球（防守）技术、进攻技术、控制技术。

② 技术质量：旋转、落点的变化，击球的稳定性和准确性。

（2）战术能力。

① 变化能力：运用相似手法制造各种旋转的能力、落点变化能力及削球与反攻

相结合能力。

② 适应能力：主要是适应弧圈球速度、强烈上旋球及对方突击球的速度等，同时还要适应不同对手进攻的落点、力量与节奏变化。

（3）心智能力。

① 判断反应能力：能够观察与判断对方来球的性质（旋转、力量、速度、落点），并进行有效还击。

② 意志力与控制比赛能力：削球打法的击球拍数较多，对技术的稳定性和准确性有着更高的要求，且跑动范围也明显大于进攻型打法，因此削球打法运动员要有更强的意志力。同样，运动员也要有较高的把控比赛局面的能力。

（4）身体能力。

① 爆发力：削加转球、连续削重板，以及反拉、反冲等。

② 步法移动能力：远、中、近台前后或左右的快速移动。

③ 协调能力：前后、左右移动中保持身体平衡，以及防守转进攻或进攻转防守过程中身体重心的快速转换。

④ 耐力：专项速度耐力、力量耐力和一般耐力。

复习思考题

1. 简述乒乓球的教学原则。
2. 简述乒乓球技战术练习的步骤。
3. 简述教学文件的制定过程。
4. 根据本章内容，谈一谈乒乓球选材的标准。

乒乓球运动等级和荣誉称号

随着现代运动员等级制度的实行，我国乒乓球运动员的等级分为国际级健将、运动健将、一级运动员、二级运动员、三级运动员、少年级运动员等。具体条件要求如下。

一、国际级健将

凡符合下列条件之一者，可申请授予"国际级健将"称号。

1. 在奥运会、世乒赛、世界杯赛中，获得男、女团体前三名的运动员（个别成绩很差者除外），获得各单项比赛前八名的运动员。

2. 在国际乒联公布的当年度世界排名表中为前十六名的运动员。

3. 在国际乒联举办的职业巡回赛总决赛中，获得各单项前三名的运动员。

二、运动健将

凡符合下列条件之一者，可申请授予"运动健将"称号。

1. 凡获得奥运会、世乒赛、世界杯赛正式参赛资格的运动员。

2. 凡被列入国际乒联公布的当年度世界排名表中前五十名的运动员。

3. 在亚运会、亚洲锦标赛、亚洲杯赛中获得任何一个项目前八名的运动员。

4. 在国际乒联和中国乒协承认的重大国际比赛上，有世界排名前十六名队中的四个队（必须有国际乒联和亚乒联公布的优秀选手参加）参加的国际比赛中，获得团体前两名的运动员（申请的运动员必须在比赛中出场次数不少于三分之一，其中胜率达到50%以上），获得单项比赛前三名的运动员。

5. 在世界青年运动会、世界大学生运动会、世界大学生乒乓球比赛、亚洲青少年乒乓球锦标赛中，获得团体冠军（申请的运动员必须在比赛中出场次数不少于总场次的50%，其中胜率达到50%以上），获得各单项比赛前三名的运动员。

6. 在全运会、全国乒乓球锦标赛、中国乒协杯比赛中，获得团体前四名的运动员（申请的运动员必须在比赛中出场次数不少于总场次的50%，其中胜率达到50%以上），获得单打比赛前十六名、双打比赛前四名的运动员。

7. 在全国城市运动会、全国青年乒乓球比赛中获得团体冠军的运动员（申请的运动员必须在比赛中出场次数不少于总场次的50%，其中胜率达到50%以上），获得各单项比赛前三名的运动员。

8. 在一个年度的中国乒乓球俱乐部超级联赛的比赛中，获得男、女团体前四名的运动员（申请的运动员必须在比赛中出场次数不少于总场次的三分之一，其中胜率达到50%以上），五至八名的运动员（申请的运动员必须在比赛中出场次数不少于总场次的三分之二，其中胜率达到60%以上），九至十二名的运动员（申请的运动员必须在比赛中出场次数不少于总场次的三分之二，其中胜率达到70%以上）。

9. 在一个年度的中国乒乓球俱乐部甲A联赛的比赛中，获得男、女团体前两名的运动员（申请的运动员必须在比赛中出场次数达到总场次的三分之二，其中胜率达到80%以上）。

10. 在全国少年比赛总决赛中获得单打前两名的运动员。

在一年度的正式比赛中，中国乒协将根据参赛运动员的成绩和技术水平，推荐两名运动健将。

三、一级运动员

凡符合下列条件之一者，可申请授予"一级运动员"称号。

1. 在全运会、全国乒乓球锦标赛、中国乒协杯比赛中获得团体赛前十六名的运动员，获得双打比赛前三十二名的运动员，单打比赛前六十四名的运动员。

2. 在全国城市运动会、全国青年乒乓球比赛中，获得团体比赛前八名的运动员，单打比赛前十六名的运动员。

3. 在全国少年乒乓球比赛总决赛中，获得团体比赛前六名的运动员，获得单打比赛前十六名的运动员。

4. 在全国业余少年乒乓球比赛总决赛中，获得团体比赛前三名的运动员，获得单打比赛前八名的运动员。

四、二级运动员

凡符合下列条件之一者，可申请授予"二级运动员"称号。

1. 在省、自治区、直辖市举办的成年、青年比赛中获得团体比赛前六名的运动员，获得各单项比赛前八名的运动员。

2. 在地（市）或相当于省辖市的比赛，以及在各省、市、自治区系统举办的正式比赛中，获得团体比赛前三名的运动员，获得各单项比赛前六名的运动员。

在各省、市、自治区举办的少年比赛中，获得单打比赛前八名的运动员。

五、三级运动员

凡符合下列条件之一者，可申请授予"三级运动员"称号。

1. 在省辖市、县一级举行的正式比赛中，获得团体比赛前三名的运动员，获得各单项比赛前八名的运动员。

2. 在地（市）或相当于省辖市的少年比赛中，获得单打比赛前八名的运动员。

六、少年级运动员

凡符合下列条件之一者，可申请授予"少年级运动员"称号。

1. 代表地（市）（专区、直辖市的区）参加省、区、市以上所举办的少年比赛的运动员。

2. 在不少于二十四名少年运动员参加的正式比赛中，获得单打比赛前四名的运动员。

此外，乒乓球运动还有一项特殊荣誉称号"大满贯"。乒乓球运动中的"大满贯"得主是对夺得过奥运会的单打冠军、世界锦标赛单打冠军、世界杯单打冠军的运动员的美称。截至目前，国际乒坛上一共有10位"大满贯"运动员，他们是瑞典的瓦尔德内尔，中国的邓亚萍、刘国梁、孔令辉、王楠、张怡宁、张继科、李晓霞、丁宁、马龙。

思想点睛

中国乒乓球队高度重视思想政治工作，运动员一踏进国家队的大门，就要接受一系列的思想教育，教练员为他们讲解中国乒乓球队的历史、经验教训，不断强化誓夺冠军、为国争光的远大理想，把思想政治工作渗透到训练、比赛和日常生活中，并且与解决实际问题结合起来，注重实效。中国乒乓球队一贯坚持"不想当世界冠军，别进国家队大门"的目标定位，它激励着一代又一代运动员树立明确的奋斗目标，发扬乒乓精神，在国际赛场上取得优异成绩。

第四章 乒乓球竞赛规则

本章提要

本章介绍了乒乓球的比赛规则和竞赛组织。第一节介绍了乒乓球的主要比赛规则，第二节介绍了竞赛组织中乒乓球的抽签与编排，以及最常见的循环赛和淘汰赛。通过本章的学习，学生能够了解乒乓球的比赛规则，掌握常见竞赛方法的特点、组织编排、成绩计算等。

第一节 乒乓球比赛规则

一、基本概念

（1）"回合"：球处于比赛状态的一段时间。

（2）"球处于比赛状态"：从发球时球被有意向上抛起前静止在不执拍手掌上的最后一瞬间开始，直到该回合被判得分或重发球。

（3）"重发球"：不予判分的回合。

（4）"一分"：判分的回合。

（5）"执拍手"：正握着球拍的手。

（6）"不执拍手"：未握着球拍的手。

（7）"不执拍手手臂"：不执拍手的手臂。

（8）"击球"：用握在手中的球拍或执拍手手腕以下部分触球。

（9）"阻挡"：对方击球后，在比赛台面上方或向比赛台面方向运动的球区，触及本方运动员或其穿戴（带）的任何物品，即为阻挡。

（10）"发球员"：在一个回合中首先击球的运动员。

(11)"接发球员":在一个回合中第二个击球的运动员。

(12)"裁判员":被指定管理一场比赛的人。

(13)"副裁判员":被指定在某些方面协助裁判员工作的人。

(14)运动员"穿或(戴)带的物品":是指运动员在一个回合开始时穿或戴(带)的任何物品,但不包括比赛用球。

(15)"越过或绕过球网装置":除从球网和比赛台面之间通过,以及从球网和球架之间通过的情况外,球均应被视作已"越过或绕过球网装置"。

(16)球台的"端线":包括两端的无限延长线。

二、合法发球与合法还击

(一)合法发球

(1)发球开始时,球自然地置于不执拍的手掌上,手掌张开,保持静止。

(2)发球员必须将球几乎垂直地向上抛起,不得使球旋转,并使球在离不执拍手的手掌之后上升不少于16厘米,球下降到被击出前不能碰到任何物体。

(3)当球从抛起的最高点下降时,发球员方可击球,使球首先触及本方台区,然后越过或绕过球网装置,再触及接发球员的台区。在双打中,球应先后触及发球员和接发球员的右半区。

(4)从发球开始到球被击出,球要始终在比赛台面的水平面以上和发球员的端线以外;从接发球方看,球不能被发球员或其双打同伴的身体或他们所穿戴(带)的任何物品挡住。

(5)球一旦被抛起,发球员的不执拍手臂应立即从球和球网之间的空间移开。球和球网之间的空间由球和球网及向上的延伸来界定。

(6)运动员发球时,应让裁判员或副裁判员看清他是否按照合法发球的规定发球。

如果裁判员对运动员的发球合法性有怀疑,在一场比赛中第一次出现时,判重发球并警告发球方;此后,再次怀疑该运动员或其双打同伴发球动作的合法性,将判接发球方得1分。无论是否是第一次或在任何时候,只要发球员明显没有按照合法发球的规定发球,无须警告,应判接发球方得1分。

(7)运动员因身体伤病而不能严格遵守合法发球的某些规则时,可由裁判员做出决定免于执行。

(二)合法还击

对方发球或还击后,本方运动员必须击球,使球直接越过或绕过球网装置,或触及球网装置后,再触及对方台区。

三、重发球

（一）重发球的判定情况

（1）如果发球员发出的球在越过或绕过球网装置时，触及球网装置后成为合法发球或被接发球员及其同伴阻挡。

（2）如果发球员或接发球员未准备好时球已发出，而且接发球员或接发球方没有企图击球。

（3）由于发生了运动员无法控制的干扰，而使运动员未能成功发球、还击或遵守规则。

（4）裁判员或副裁判员暂停比赛。

（5）由于身体残疾而坐轮椅的运动员在接发球时，发球员进行合法击球之后，出现下列情况：

① 球在触及接发球的台区后，朝着球网方向离开接发球员的台区。

② 球停在接发球员的台区上。

③ 在单打中，球在触及接发球员的台区后，从其任意一条边线离开球台。

（二）暂停比赛的判定情况

（1）由于要纠正发球、接发球次序或方位错误。

（2）由于要实行轮换发球法。

（3）由于警告或处罚运动员。

（4）由于比赛环境受到干扰，以致该回合结果受到影响。

四、一分、一局、一场

（一）一分

除了被判重发球的回合外，下列情况下运动员得1分：

（1）对方运动员未能合法发球。

（2）对方运动员未能合法还击。

（3）运动员在合法发球或合法还击后，在对方运动员击球前，球触及了除球网装置以外的东西。

（4）对方击球后，该球没有触及本方台区而越过本方端线。

（5）对方阻挡。

（6）对方连击。

（7）对方用不符合规定的拍面击球。

（8）对方运动员或其穿戴（带）的任何物品使球台移动。

（9）对方运动员或其穿戴（带）的任何物品触及球网装置。

（10）对方运动员不执拍手触及比赛台面。

（11）双打时，对方运动员击球次序错误。

（12）执行轮换发球法时，接发球方连续 13 次合法还击，包括接发球。

（二）一局

在一局比赛中，先得 11 分的一方为胜方。10 平后，先多得 2 分的一方为胜方。

（三）一场

一场比赛由奇数局组成。

五、比赛次序

（1）在单打中，首先由发球员发球，再由接发球员还击；然后发球员和接发球员交替还击。

（2）在双打中，首先由发球员发球，再由接发球员还击，然后由发球员的同伴还击，再由接发球员的同伴还击；此后，运动员按此次序轮流还击。

（3）在两名由于身体残疾而坐轮椅的运动员配对进行的双打中，发球员应先发球，接发球员应还击，此后，残疾双打球员中的任何一名运动员都可以还击。但运动员轮椅的任何部分不能超越球台中线的假定延长线，如果超越，裁判员将判对方得 1 分。

六、比赛前的发球、接发球和方位选择

（1）由抽签决定发球、接发球和方位的选择权力。中签者可以选择先发球或先接发球，或选择先在某一方位。

（2）当一方运动员选择了先发球或先接发球，或选择了先在某一方位后，另一方运动员必须有另一个选择。

（3）在双打的第一局比赛中，先发球方确定第一发球员，再由先接发球方确定第一接发球员，此后，第一接发球员应是前一局发球给他的运动员。

（4）在双打中，每次换发球时，前面的接发球员应成为发球员，前面的发球员的同伴应成为接发球员。

（5）一局中首先发球一方，在该场下一局应首先接发球。在双打决胜局中，当一方先得 5 分时，接发球方应交换接发球次序。

（6）一局中，在某一方位比赛的一方，在该场下一局应换到另一方位。在决胜局中，一方先得 5 分时，双方应交换方位。

七、轮换发球法

（1）如果一局比赛进行了 10 分钟仍未结束（双方比分总和达到 18 分除外），或者在此之前任何时间应双方运动员要求，应实行轮换发球法。

① 当时限到时，球仍处于比赛状态，裁判员应立即暂停比赛。由被暂停回合的发球员发球，继续比赛。

② 当时限到时，球未处于比赛状态，应由前一回合的发球员发球，继续比赛。

（2）此后，每一位运动员都轮发 1 球，直至该局结束。如果接发球方进行了 13 次合法还击，则判接发球方得 1 分。

（3）轮换发球法一经实行，将一直使用到该场比赛结束。

八、器材和比赛条件

（一）球拍

球拍的大小、形状和重量不限，但底板应平整、坚硬，用来击球的拍面，若用一层颗粒向外的普通颗粒胶覆盖，连同黏合剂，厚度不超过 2 毫米；若用颗粒向内或向外的海绵胶覆盖，连同黏合剂，厚度不超过 4 毫米。海绵胶是指一层泡沫橡胶上覆盖一层普通颗粒胶，普通颗粒胶的厚度不超过 2 毫米。

球拍击球拍面的覆盖物应是国际乒联现行许可的品牌和型号，在其边缘必须附有清晰可见的商标型号及国际乒联（ITTF）的标记。球拍两面不论是否有覆盖物，必须无光泽，且一面为鲜红色，另一面为黑色，拍身边缘上的包边应无光泽，不得呈白色。比赛开始时及比赛过程中运动员需要更换球拍时，必须向对方和裁判员展示其将要使用的球拍，并允许他们检查。

（二）比赛服装

（1）比赛服装一般包括短袖或无袖运动衫、短裤或短裙、短袜和运动鞋；其他服装，如半套或全套运动服不得在比赛时穿着，得到裁判长的允许除外。

（2）短袖运动衫（袖子和领子除外）、短裤或短裙的主要颜色应与比赛用球的颜色明显不同。

（3）在运动员短袖比赛服装的背后可印有号码和文字，用于标明运动员或运动员的协会，若在俱乐部比赛时，应标明运动员的俱乐部；号码和文字必须符合规则中有关的广告规定。如果短袖比赛服装的背后印有运动员的姓名，应该在紧靠衣领下的位置。

（4）运动服前面或侧面的任何标记或装饰物，以及运动员佩戴的任何物品，如珠宝等，均不应过于显眼或反光，不会影响对手的视线。

（5）在冠以世界、奥林匹克或残疾人奥林匹克名称的比赛中，团体赛的运动员或同一协会组成的双打运动员，应穿着同样的服装，但鞋袜和服装广告的数量、尺寸、颜色设计除外。

（6）比赛的双方运动员应穿着颜色明显不同的运动衫，以使观众能够明显地区分他们。当双方运动员或运动队所穿短袖运动衫类似且均不愿更换时，应由裁判员抽签决定某一方必须更换。

（三）比赛条件

（1）赛区空间应为不少于 14 米长、7 米宽的长方形，高度为 5 米，但四个角可用长度不超过 1.5 米、高度为 0.75 米的相同的深色挡板围起，以与相邻的比赛区域及观众隔开。

（2）在冠以世界、奥林匹克和残疾人奥林匹克比赛的名称中，比赛台处的照明度不得低于 1 000 勒克斯，且整个比赛台面的照明度均匀；比赛区域其他地方的照明度不得低于 500 勒克斯。其他比赛中，比赛台面的照明度不得低于 600 勒克斯，且照明度均匀，比赛区域其他地方的照明度不得低于 400 勒克斯。

（3）使用多张球台时的照明度水平应是一致的，比赛大厅的背景照明不得低于比赛区域的最低照明度。光源距离地面不得少于 5 米。

（4）场地四周一般应为暗色，不应有明亮光源，或从未加遮盖窗户等透过的日光。地板不能颜色太浅、反光强烈或打滑，而且表面不得是砖、水泥或石头。在冠以世界、奥林匹克和残疾人奥林匹克名称的比赛中，地板应为木制或国际乒联批准的某品牌和种类的可移动塑胶地板。

九、双打竞赛规则

（一）发球区的规定

双打比赛中，发球员发球时必须使发出的球先落在本方球台的右半区，然后直接越过或绕过球网触及对方球台的右半区。中线应视为右半区的一部分。发球错区判发球方失一分。

（二）发球次序的规定

（1）在双打的第一局比赛中，先由发球方确定第一发球员，再由接发球方确定第一接发球员。在以后的各局比赛中，发球方任意确定第一发球员，而第一接发球员应是前一局发球给他的运动员。

（2）在双打击球次序方面，每次换发球时，前面的接发球员应成为发球员，前面的发球员的同伴应成为接发球员。

（3）在双打决胜局中，当一方先得到 5 分时，接发球方应交换接发球员的次序。

（三）击球次序的规定

在球处于比赛状态中时，双方运动员应依轮次轮流击一板，若击球次序错误或有运动员连击两个球，均将被判失分。

（四）双打判罚的规定

双打运动员被视为一个整体，无论是对发球、不良行为的判罚，还是暂停权力的行使，都作为一个整体进行。

十、团体竞赛规则

（一）团体比赛的形式

1. 五场三胜制的团体比赛（五场单打）

一个队由三名队员组成。比赛顺序是：

1. A-X
2. B-Y
3. C-Z
4. A-Y
5. B-X

2. 五场三胜制的团体赛（四场单打和一场双打）

一个队由 2 名、3 名或 4 名队员组成。比赛顺序是：

1. A-X
2. B-Y
3. 双打
4. A-Y
5. B-X

3. 七场四胜制的团体比赛（六场单打和一场双打）

一个队由 3 名、4 名或 5 名队员组成。比赛顺序是：

1. A-X
2. B-Y
3. C-Z
4. 双打
5. A-Y
6. C-X
7. B-Z

4. 九场五胜制的团体比赛（九场单打）

一个队由 3 名队员组成。比赛顺序是：

1. A-X
2. B-Y
3. C-Z
4. B-X
5. A-Z
6. C-Y
7. B-Z
8. C-X
9. A-Y

（二）团体比赛程序

（1）所有出场运动员应出自团体报名表。

（2）团体比赛前由抽签的中签者优先选择 A、B、C（主队）或 X、Y、Z（客队)。由队长提交给裁判员该队名单,并确定人名和每位运动员所代表的字母位置。

(3) 双打比赛的配对不必立即提交,可在前两场单打比赛结束时提交。

(4) 需要连场的运动员有资格在连场的比赛之间最多有 5 分钟的休息时间。

(5) 当一个队赢得足够多场次时,为一次团体比赛结束。

十一、裁判员的分工与职责

(一) 裁判长

每次竞赛应指派一名裁判长,应告知所有参赛者及队长其身份和工作地点。裁判长应对下列事项负责:

(1) 主持抽签。

(2) 编排比赛日程。

(3) 指派裁判人员。

(4) 主持裁判人员的赛前短会。

(5) 审查运动员的参赛资格。

(6) 决定在紧急时刻是否中断比赛。

(7) 决定在一场比赛中运动员是否可以离开比赛区域。

(8) 决定是否可以延长法定练习时间。

(9) 决定在一场比赛中运动员能否穿长运动服。

(10) 解释规则和对规程的任何问题做出决定,包括服装、比赛器材和比赛条件的可接受性。

(11) 决定在比赛紧急中断时运动员能否练习及练习地点。

(12) 对于不良行为或其他违反规程的行为采取纪律行动。

经竞赛管理委员会同意,当裁判员将任何职责托付给其他人员时,这些人员中的每个人的特殊职责和工作地点应被告知参赛者及队长。

裁判长或在裁判长缺席时负责代理的副裁判长,在比赛过程中自始至终应亲临比赛场地。如果裁判长认为有必要,可在任何时间更换裁判人员,但不能更改被更换者在其职权范围内就事实问题做出的判定。

运动员从抵达比赛场地开始至离开场地,应处于裁判长的管辖之下。

(二) 裁判员

每次比赛均应指派 1 名裁判员和 1 名副裁判员。裁判员应坐或站在球台一侧,副裁判员应面对裁判员坐在球台另一侧。

(1) 裁判员应对下列事项负责:

① 检查比赛器材和比赛条件的可接受性,如有问题向裁判长报告。

② 需要时指定比赛用球。

③ 主持抽签确定发球、接发球和方位。

④ 决定是否由于运动员伤病而放宽合法发球的某些规定。
⑤ 控制方位、发球和接发球的次序，纠正上述有关方面出现的错误。
⑥ 决定每一回合重发球或得1分。
⑦ 根据规定的程序报分。
⑧ 在适当的时间执行轮换发球法。
⑨ 保持比赛的连续性。
⑩ 对违反场外指导或行为等规定者采取行动。
⑪ 如果双方运动员或运动队所穿短袖运动衫类似且均不愿更换时，抽签决定某一方必须更换。

（2）副裁判员决定处于比赛状态中的球是否触及距离他最近的比赛台面的上边缘。

（3）裁判员或副裁判员均可判决：
① 运动员发球动作不合法。
② 合法发球在球越过或绕过球网装置时触及球网装置。
③ 运动员阻挡。
④ 比赛环境受到意外干扰，该回合的结果有可能受到影响。
⑤ 掌握练习时间、比赛时间及间歇时间。

（4）执行轮换发球法时，副裁判员或另外指派的一名裁判人员均可充当计数员，计算接发球方运动员的击球板数。

（5）裁判员不得否决副裁判员或计数员在其职责权限范围之内所做出的决定。

（6）从抵达比赛区域开始直至离开，运动员应处于裁判员的管辖之下。

十二、比赛的管理

（一）报分

（1）当一球结束时，裁判员应立即报分。如考虑掌声或其他嘈杂声将影响报分，应在情况允许时立即报分。
① 报分时，裁判员应首先报下一回合即将发球一方的得分数，然后报对方的得分数。
② 一局比赛开始和交换发球员时，裁判员应用手势指向下一个发球员，也可以在报完比分后，报出下一回合发球员的姓名。
③ 一局比赛结束时，裁判员应先报胜方运动员的姓名和分数。

（2）裁判员除报分外，还可以用手势表示他的判决。
① 当判得分时，裁判员应将靠近得分方的手臂举起，使上臂水平，前臂垂直，手握拳向上。临场操作时，裁判员应尽量使上臂与躯体、前臂与上臂形成直角状态，拳心朝外，如图4-1所示。

② 当出于某种原因，回合应被判为重发球时，裁判员可以将手高举过头表示该回合结束。手势为手臂伸直上举，五指并拢，掌心朝外，如图4-2所示。

图4-1　得分手势　　　　　　　　图4-2　重发球手势

③ 当换发球时，裁判员应将手指向下一个发球员，手势为靠近发球员一侧的手臂伸直侧平举，掌心向前，手指指向发球员的一边，但并不要求指向发球员的具体位置，如图4-3所示。

图4-3　换发球手势

④ 必要时应进行详细解释，如比赛时球擦边时，裁判员可用手指向擦边处，用手势来解释情况，如图4-4所示。

图4-4　擦边手势

⑤ 报分，以及在实行轮换发球法时报数，裁判员应使用英语或双方运动员及裁判员均能接受的其他任何语言。

⑥ 应使用机械或电子设备显示比分，使运动员和观众能看清楚。

⑦ 当运动员因不良行为受到正式警告后，应在记分牌该运动员得分处放置一个黄牌。

（二）器材

（1）运动员不得在比赛区域内挑选比赛用球。

① 在进入比赛区域之前，运动员应有机会挑选一个或几个比赛用球，并由裁判员任意从中取一个球进行比赛。

② 如果未能在运动员进入比赛区域前挑选比赛用球，则由裁判员从一盒大会指定的比赛用球中任意取一个进行比赛。

③ 如果比赛中球损坏，应由比赛前选定的另外一个球代替；如果没有赛前选定的球，则由裁判员从一盒大会指定的比赛用球中任意取一个球代替。

（2）在一场单项比赛中，不允许更换球拍，除非球拍意外严重损坏到不能使用。如果运动员在比赛中损坏了球拍，应立即替换随身带至比赛区域的另一块球拍，或从比赛区域递进来的球拍。

（3）运动员在比赛间歇时，应将球拍留在比赛的球台上，得到裁判员的特殊许可除外。

（三）练习

（1）运动员在比赛开始前2分钟，有权在比赛球台上练习，正常间歇不能练习。只有裁判长有权延长特殊的练习时间。

（2）在紧急中断比赛时，裁判长可允许运动员在任何球台上练习，包括比赛用的球台。

（3）运动员应有合理的机会检查和熟悉将要使用的器材，在替换破球或损坏的球拍后，运动员可练习少数几个回合，然后继续比赛。

（四）间歇

（1）除了任何一方提出要求外，单项比赛应连续进行。

① 在单项比赛的局与局之间，有不超过1分钟的休息时间。

② 单项比赛的每局开始后，每得6分后或决胜局交换方位时，可用短暂的时间擦汗。

（2）一名或一对双打运动员可在一场单项比赛中要求一次暂停，时间不超过1分钟。

① 在单项比赛中，暂停应由运动员指定的场外指导者提出；在团体比赛中，应由运动员或队长提出。

② 如果一名运动员或一对运动员与其指导者或队长对是否暂停有不同意见时，

单项比赛中的决定权属于该名或该对运动员；在团体比赛中，决定权属于指导者或教练员。

③ 请求暂停只能在一局比赛的回合做出，应用双手做出"T"形表示。

④ 在得到某方合理的暂停请求后，裁判员应暂停比赛，用靠近请求暂停方一侧的手出示白牌，如图 4-5 所示，然后将白牌放在请求暂停一方运动员的台区上。

图 4-5　暂停手势

⑤ 当暂停一方的运动员准备继续比赛或 1 分钟暂停时间已到时，白牌应被拿走并且立即恢复比赛。

⑥ 如果比赛双方运动员或他们的代表同时提出要求暂停，应在双方运动员准备恢复比赛或暂停时间满 1 分钟时继续比赛。在该场单打比赛中，双方运动员都不再有暂停的权利。

（3）应遵守规定的练习时间，一场团体赛中的各场比赛应连续进行，需要连场的运动员有权在连场比赛的场次之间要求有 5 分钟的休息时间。

（4）运动员因意外事件而暂时丧失比赛能力时，裁判长若认为中断比赛不至于给对方带来不利，可允许中断比赛，但时间要尽量短，在任何情况下都不得超过 10 分钟。

（5）如果运动员失去比赛能力的状态早已存在，或在比赛开始前就有理由可以预见，或由于比赛的正常紧张状态引致，则不能中断比赛。如果失去比赛能力的原因在于运动员当时的身体状况或比赛进行的方式，如抽筋或过度疲劳，也不能成为中断比赛的理由。只有因意外事故如摔倒受伤而丧失比赛能力，才能允许紧急中断。

（6）如果比赛区域内有人受伤流血，应立即中断比赛，直到他接受了医疗救护并将比赛区域内所有血迹擦干后再恢复比赛。

（7）除非裁判长允许，运动员在单项比赛中应留在比赛区内或其附近，在局间法定休息和暂停间歇时间内，运动员应在裁判员的监督下，留在比赛区域周围 3 米以内的地方。

（五）纪律

1. 场外指导

（1）团体比赛中运动员可接受任何人的场外指导；单项比赛的运动员只能接受一个人的场外指导，而对于这个指导者的身份应在该场比赛前向裁判员说明。如果一对双打运动员来自不同的协会，则可分别授权一名指导者。如发现未经许可的指导者，裁判员应出示红牌，并令其远离赛区（图4-6）。

（2）在局与局的休息时间或经批准的中断时间内，运动员可接受场外指导，但在赛前练习结束后到比赛开始前不能接受场外指导。如果合法的指导者在其他的时间里进行指导，裁判员应出示黄牌进行警告（图4-7）；如在警告后再次违反，应出示红牌将其驱逐出赛区。

图4-6 红牌驱逐　　　　　　　图4-7 黄牌警告

（3）在一个团体赛或单项比赛中的一场比赛中，指导者已被警告过，如任何人再进行非法指导，裁判员将出示红牌，并将其驱逐出赛区，不论其是否曾被警告过。

（4）在团体比赛中被驱逐出赛区的人不允许在团体比赛结束前返回，除非需要其上场比赛。在单项比赛中，不允许其在该场单项比赛结束前返回。

（5）如被驱逐出赛区的指导者拒绝离开或在比赛结束前返回，裁判员应中断比赛，并立即向裁判长报告。

（6）以上规定只限于对比赛的指导，并不限制运动员或队长就裁判员的决定提出正式申诉，或阻止运动员与所属协会的代表或翻译就某项判决的解释进行商议。

2. 不良行为

（1）运动员和教练员应克制那些可能不公平地影响对手、冒犯观众或影响乒乓球运动声誉的不良行为，如辱骂性语言、故意损坏球或将球打出赛区、踢球台或挡板、不尊重比赛官员等。

（2）任何时候，运动员或教练员出现严重冒犯行为，裁判员应中断比赛，立即向裁判长报告；如果冒犯行为不太严重，在第一次时，裁判员可出示黄牌警告冒犯者，如再次出现冒犯行为，冒犯者将被判罚。

（3）除严重冒犯外，运动员在受到警告后，在同一场单项或团体比赛中，第二次冒犯，裁判员应判对方得 1 分，再犯，判对方得 2 分，每次判罚，应同时出示红牌和黄牌（图 4-8）。运动员在被判罚 3 分后继续有不良行为，裁判员应中断比赛，并立即向裁判长报告。

图 4-8　红加黄牌判分

（4）在一场比赛中，如果运动员要求更换没有损坏的球拍，裁判员应停止比赛，向裁判长报告。

（5）双打配对中的任何一名运动员所受到的警告或判罚，应视作该对双打运动员的，但未受警告的运动员在同一场团体比赛随后的单项比赛中不受影响；双打比赛开始时，配对运动员中的任何一名在同一场团体比赛中已经受到的最严重的警告或判罚，应视作该对双打运动员的。

（6）除教练员或运动员出现严重冒犯行为外，教练员在受到警告后，在同一场单项比赛或团体比赛中再次冒犯，裁判员应出示红牌将其驱逐出赛区，直到该场团体赛或单项赛中的该场单项比赛结束才可返回。

（7）无论是否得到裁判员的报告，裁判长有权取消有严重不公平或冒犯行为运动员的比赛资格，包括取消一场比赛、一项比赛或整个比赛的比赛资格。当他采取行动时应出示红牌。

（8）如果一名运动员在团体（或单项）比赛中有两场被取消了比赛资格，就自动失去了其参加团体（或单项）比赛的资格。

（9）裁判长有权取消已经两次被驱逐出赛区的任何人在该次竞赛剩余时间里的临场资格。

（10）应将非常严重的不良行为事例报告给冒犯者所属的协会。

十三、裁判员的操作程序

（一）入场前

（1）在到达比赛场地之前，裁判员应穿好裁判服，佩戴好胸徽。

（2）裁判员在赛前30分钟到裁判长处报到，要检查比赛所必需的器材是否带齐，如量网尺、挑边器、比赛用球、红黄白牌、秒表、笔、计分表夹板、队名牌等。

（3）在指定区域内完成挑选比赛用球、检查服装和号码布等工作。

（二）比赛前

裁判员的任务：

（1）检查球拍、服装和号码布（根据比赛要求）。

（2）指定单项比赛的指导者。

（3）抽签决定发球权和方位。

（4）计时，控制好练习时间。

副裁判员的任务：

（1）检查球网高度及松紧度。

（2）检查球台和地板是否整洁。

（3）整齐摆放挡板。

（4）根据比赛要求放置人名或队名牌。

（5）检查翻分器，在运动员未到场前翻回空位置（图4-9）。在比赛双方都到达场地后，将局分翻到"0∶0"（图4-10）。

图4-9 运动员到场前

图4-10 运动员到场后

（三）比赛时

（1）当练习时间结束时，副裁判员宣布"时间到"。裁判员应举手示意停止练习，收回比赛用球。用手指向发球员，将比赛球抛出，并宣布"A对B的第一局比赛开始，A发球，0比0"。副裁判员将大比分翻至"0∶0"，并开始计时（图4-11）。

图 4-11　比赛开始时

（2）比赛开始后，每一回合结束，裁判员应举拳报比分。报分时一定要先报即将发球一方的得分。直到裁判员举拳报分后，副裁判员才能显示比分。

（3）裁判员提醒运动员不要在两个回合之间停顿太长时间。如运动员在发球前持续拍球，或在双打比赛时与同伴讨论太久，必要时提醒运动员"继续比赛"。

（4）一局比赛中，运动员一定不能接受任何场外指导，不管是通过语言还是手势。第一次出现非法指导，裁判员出示黄牌警告指导者，如再犯，出示红牌请指导者离开赛区，直到比赛结束。

（5）一局比赛结束，裁判员应站立举拳宣布比赛结果，报胜者姓名，并收回比赛用球，填写比赛成绩；同时应保留比分显示器上的比分，不要改变局分。

（6）双方运动员回到球台旁边开始下局比赛时，将分数调到第一局比赛后的局分。当裁判员报出"0∶0"时，比分显示器显示"0∶0"（图 4-12）。

图 4-12　第二局比赛开始时

（7）一场比赛结束时，裁判员应宣布比赛结果即胜方姓名，填写比赛记分表，保留显示器上最后一局的比分和前一局的局分。

（四）比赛后

（1）比赛结束后，裁判员要收回比赛用球，填写好比赛记分表，请双方运动员或队长签名。核审后将填写好的比赛记分表交到裁判记录台。

（2）退场前，裁判员收拾好所有物品，检查是否有衣物、毛巾等物品留在比赛场地内，将比分显示器翻回空位。

第二节　乒乓球竞赛组织

一、抽签

（一）抽签的任务

确定每个参赛者在整个比赛中的位置，以明确各参赛者之间的关系，同时也为确定比赛次序和比赛条件奠定基础。一切具有不同机遇的竞赛环节都需要抽签，以使所有参赛者在竞赛中实现最大程度的机会均等。

（二）抽签的原则

1. 种子队员合理分开，最后相遇

（1）排名在前的选手应被列为种子，以使他们在比赛进行到较后轮次时相遇。

（2）第一号种子应被安排在上半区的顶部，第二号种子应被安排在下半区的底部，第三、四号种子被抽入上半区的底部和下半区的顶部，第五至第八号种子被抽入单数1/4区的底部和双数1/4区的顶部，第九至十六名种子被抽入单数1/16区的底部和双数1/16区的顶部。

2. 同队队员合理分开，最后相遇

（1）应尽可能合理分开来自同一个协会的选手，使他们在比赛进行到较后轮次时相遇。

（2）各协会应按技术水平由强至弱地排列其报名运动员的顺序，并应与种子排名表的顺序一致。

（3）被列为第一号和第二号的选手应被抽入不同的半区，第三号和第四号选手应被抽入本协会第一号、第二号选手不在的另外两个1/4区。

（4）排名第五号至第八号的选手，应尽可能均匀地被抽入没有前四号选手的1/8区。

（5）排名第九号至第十六号的选手应尽可能地被抽入没有前八号选手的1/16区。依此类推，直至所有报名的选手都进入适当位置。

（6）由不同协会的选手组成的男子双打或女子双打配对，应被视为属于在世界排名表上排名较高选手的协会；如果两名选手在世界排名表上无名，则被视为属于在相应的洲联合会排名表上排名较高选手的协会；如果两名选手均不在上述排名表内，则应被视为属于在世界团体赛排名表中排名较高的协会。

（7）由不同协会的选手组成的混合双打配对，应被视为属于男选手的协会。

（三）抽签的准备工作

1. 接受、审核和汇总报名情况

（1）接受报名单。要有专人负责接受各单位按规程在规定时间进行的报名。

（2）审核报名单。收到一份报名单后，首先应依据竞赛规程的规定进行认真的审核，其中包括报名资格、人数和项目、特殊规定（如男子团体赛采用女子团体赛的办法）、报名单排列顺序等。

（3）汇总报名单。汇总报名的总人数和队数，以便最终确定具体的抽签方案和编排方案。在汇总报名单上，应能清楚地看出每个参加单位各个比赛项目的队数、人数和对数，并能清楚地看出各个比赛项目参加的总队数、总人数和总对数。对于汇总报名表，不仅编排组在进行抽签准备工作时需要，裁判长、编排组，以及进行其他方面准备工作的人员和竞赛部门的其他有关人员也需要，应打印若干份发给各有关部门和有关人员，以利于工作。

2. 研究抽签方案

（1）抽签方案的基本依据。各参加单位的报名情况和竞赛规程中对比赛办法的规定是准备抽签方案的两个基本依据。

（2）确定号码位置数和轮空位置。单项比赛在一般情况下采用淘汰赛，需要确定比赛顺序表的号码位置和轮空位置。如果单打项目采用两阶段比赛，则第一阶段可先进行分组循环赛，第二阶段再进行淘汰赛。应选择最接近的、大于运动员人数（或队数）的一个2的某次幂乘方数，作为该项目的号码位置数。号码位置数和运动员人数（或对数）的差数，即为轮空位置数。如107名运动员参加男子单打，应选用128个号码位置，安排21个轮空位置。只有运动员人数略多于2的某次幂乘方数时，才采用"抢号"的办法，如138名运动员参加比赛，仍选128个号码位置，而在10个位置上安排"抢号"。

（3）确定种子数量和种子名单。

① 确定种子数量。采用单淘汰赛，种子数量一般是2的乘方数，并且是运动员总人数的1/12—1/6，即每6—12名运动员中安排一名种子选手，这是国际比赛规程和国内竞赛规程的基本规定。在具体确定种子数量时，除了考虑种子数量和总人数之间的比例关系外，还可根据参赛优秀运动员的数量，决定种子数的增减或不设种子。

② 确定种子名单。确定种子名单的主要依据是选手以往的比赛成绩，或者是各级带有积分比赛成绩。在某些非传统性比赛或变化很大的比赛中，若很难确定种子，也可考虑将各单位的第一号选手作为种子选手。确定种子是一件相当复杂的工作，很难做到十分精确。因此，在考虑种子序号时，以分批处理为宜。如果有16名种

子，其序号不必从1排到16，可列为第1号种子、第2号种子、第3号、第4号种子、第5—8号种子、第9—16号种子。对于第3号与第4号种子、5—8号种子，可以不具体分种子序号，将其作为一批种子处理。这样既可以减少矛盾，使确定种子的工作相对容易些，也符合抽签的实际情况。现在最新的抽签方法是把9—16号种子分为两批进行抽签，即9—12和13—16两批。

（4）研究分区控制的理论方案。在汇总报名单后，确定比赛的参加队数、人数和对数以后，就可以根据竞赛规程规定的比赛办法，确定具体比赛方案。凡需要抽签的比赛项目，要选择采用位置号码数及轮空位置，确定种子数量和具体种子名单。在这个基础上，要研究分区控制的理论方案。

3. 准备抽签用具，进行抽签实习

① 抽签"签卡"。抽签的主要用具有名签（单位名、人名）和号签（区号、组号、位置号）。签卡可用一面有图案、另一面空白的卡片制作。名签和号签分别使用两种不同颜色的卡片。

② 平衡控制表。平衡控制表是用较科学的方法通过贯彻"预见性"和"区别性"两项原则，解决好抽签工作中的"机遇"和"控制"这对矛盾。在确定了适应某个数量的号码位置的淘汰赛之后，上下半区、各个1/4区、各个1/8区等可以容纳的选手数是固定的，而且原则上是平均分布的，各区之间差数不能超过1；同样，在确定了参赛选手和单循环小组数之后，每个单循环小组的人数也是基本固定的，而且原则上是均匀分布的，各小组所容纳的队（人数）差值不能大于1，因此在抽签时如果不进行控制，较后抽签的单位将会出现违反规则的情况。但过多地控制，又会使抽签很不合理，甚至失去意义，所以必须较好地使用平衡控制表，使被控制的面最小，以及受控制的选手都是每个协会排名较后的选手。在正式抽签前，应填好表内各项数字和符号，并且核对无误，且每个项目应单独使用一张平衡控制表（表4-1）。

表4-1 平衡控制表

1/2区	1/4区	1	2	3	4	5	6	7	8	1/4区				1/2区			
										位置数	轮空数	固定数	机动数	位置数	轮空数	固定数	机动数
上半区	1																
	2																
下半区	3																
	4																

③ 抽签实习。抽签实习是一项重要的准备工作,事先进行抽签实习,有利于摸索规律,发现问题。报名情况稍有变动也可能对整个抽签产生很大影响,因此,要有一套完整的工作程序,以免在抽签中出现差错。

团体赛与单项赛的种子抽签结果,在可能的情况下最好当场公布。

进行抽签实习时,首先由主抽人对每一个比赛项目的抽签进行研究,目的是熟悉情况、摸索规律、检查抽签方案的正确性,从而对这个项目的抽签工作做好思想上的准备。

其次是主抽人、号签员及控制员进行抽签实习。这种小型配合实习是全体抽签人员总实习的基础,抽签的成败主要取决于他们的工作性质。

最后是进行总实习。抽签前,后台的全体工作人员按正式抽签的要求和分工,严格实行岗位责任制,进行总实习。

总实习要体现出强有力的管理水平,原则上是一气呵成,没有特殊情况,不要中途停顿。有问题可到总实习结束后再讲。为了搞好总实习,参加抽签的每个工作人员,事先也应像主抽人、号签员和控制员那样,进行自我实习和小范围的配合实习。在总实习前,对于各个工作环节可预见到的各种问题,应有妥善的解决办法。

如果对抽签的理解比较透彻,一般只要进行一次实习即可解决问题。每个人都应把在实习中发生的问题记录下来,进行分析研究,找出解决的办法,以便在正式抽签中运用。

实习以后,必须将各个项目的签卡完全按抽签顺序整理好。

抽签工作的基本要求,说明抽签的结果不是任意的、无条件的,而是有相对确定性。我们既要用"机遇"的办法来适应淘汰赛的强机遇性,保证每个选手在机遇面前机会均等,又要用控制的办法来保证抽签所需要的相对确定性,使淘汰赛更加合理。因此,用完全随机的办法来抽签不可能满足抽签的这种要求。

二、编排

编排工作的任务是将各个项目所要进行的全部比赛,在一定时间内科学地安排在一定数量的球台上并按一定的秩序进行,也就是确定全部比赛的日期、时间和台号。竞赛编排工作犹如一次战役的作战部署,编排方案周密与否,将影响到运动队、裁判组,以及大会各方面的工作人员和观众,影响到场馆、交通、食宿和其他各项赛事保障工作。编排工作的"弹性"是很大的,其最终效果将受到各方面的综合检验。因此,编排工作是一项十分重要的工作,不能简单地将其理解为安排比赛日期、时间和台号。

(一) 编排工作的基本要求

1. 保持运动队和选手合理的比赛强度

虽然整个比赛的总量是由比赛办法和报名的队数或人数决定的,但对每个运动

队或一名（对）选手来说，在单位时间内保持适当的强度还是可行的。国际比赛规程规定：在单项比赛中，未经本人同意，每个选手一天内不应被安排超过 7 场五局三胜制的比赛；在 4 小时一节的比赛中，不应被安排超过 3 场的比赛。在团体赛中，未经领队同意，每个队一天不应被安排超过 3 次的团体赛。因此，赛前拟订的编排方案，不应打破国际比赛规程关于最大限度比赛量的规定。

2. 努力适应和满足观众的兴趣和要求

在一节比赛中，要防止"清一色"的单调安排。每一节比赛都应安排估计有"精彩"表演的场次；晚上和节假日的比赛，应尽量多安排一些重要和精彩的场次。一节比赛的时间不宜过长，最多 3.5 个小时。要注意防止出现全场"空场"及精彩场次分布严重不平衡的现象。

3. 科学、合理地使用比赛场馆

一个场馆一般都设有若干张球台。不宜经常变动球台的使用数量，并应将球台并列放置。在两节比赛之间，要保证观众有充分的退场时间。在采用多场馆比赛时，要有一个比较大的中心场馆。

4. 注意安排好男、女团体赛和各个单项比赛的决赛

团体赛决赛和各个单项比赛的决赛，应分两次单独进行。对于 5 个单项决赛，在秩序册上只标出日期和哪一节，不必事先具体标出时间和台号。

5. 既要符合竞赛规程的规定又要节约比赛的经费开支

编排工作要完全符合竞赛规程的规定，同时在经济上要注意节约经费开支，要实现两者的平衡是对竞赛组织者的一次考验。

（二）编排工作的主要内容

1. 设计编排方案

除需要十分熟悉竞赛规程对比赛办法的规定及其他有关规定外，还要尽可能准确地估计可能参加比赛的队数和人数。设计编排方案最重要的是搞好整体设计。在整体设计中，要处理好各种矛盾，努力防止片面性，抓住主要矛盾的主要方面。

2. 安排多种方案预案

编排工作不能等抽签工作结束以后再开始进行，必须要搞预案，而且是在尚未抽签之前。一般情况下，要搞多种方案的预案，目的是为可能出现的多种情况做准备，摸索编排工作的规律。

3. 团体赛编排

一般情况下，团体赛要进行 5—6 天，每个队要比赛 8—10 场，每队每天要安排两场团体赛。可每节比赛在一张球台上安排两个团体赛。通常每天最多安排两节比赛。团体赛的分组要特别注意"轮数"的变化，团体决赛应单独安排一节进行。

4. 单项比赛编排

在单项的一节比赛中，要尽可能防止"清一色"的比赛。为防止连场，可采取

男、女交叉和同项目衔接的办法。五局三胜制的比赛每节最多安排 7 场。

5. 球台设置方法

如果比赛在几个场馆进行，要尽量有一个能放下至少 1/2 球台数的中心场馆，这对于解决繁重的交通任务、各队之间相互观摩学习、组织比赛及节约经费都是很重要的。在一个比赛场地里，球台的设置要注意整齐美观，方便运动员的比赛和裁判员的工作，并便于观众观看。

6. 检查编排结果

编排工作完成以后，需要进行检查。检查运动队和选手的比赛强度是否适当；一个选手在一节比赛时间内，是否有在两个场地比赛的情况；在只有一名教练员的单位，是否有男、女团体赛同时上场的情况；是否有选手连场的情况；是否能更好地适应和满足观众的观看要求；对场馆的使用是否合理；编排方案是否与竞赛规程的规定完全符合；等等。

7. 编印技术文书

正式的乒乓球比赛应该编印秩序册、成绩册等技术文书，一般还设有成绩公布栏，有的比赛还印制简明或详细的成绩公报。

三、循环赛

（一）循环赛的定义

所谓循环赛，就是所有参加比赛的队（或运动员）之间轮流比赛，包括单循环和双循环两种。单循环赛是指参加比赛的队（或运动员）之间轮流比赛一次（场）；双循环赛是指重复循环两次，参加比赛的各方相互之间比赛两次。

（二）循环赛的优缺点

1. 优点

（1）合理性好，参加比赛的各队或各选手互相之间都能得到比赛的机会并能全面地交流，增加运动员的锻炼机会。

（2）比赛结果的偶然性小，最后的排名可靠性强。

（3）比淘汰赛更能反映出参赛的各队或各个选手的真实水平。

2. 缺点

（1）场次多，比赛时间长。

（2）比赛秩序和比赛条件不均等、计算名次复杂及适用范围可能受到限制。

（三）单循环赛场次和轮次的计算

在单循环赛中，各队（或运动员）均出场比赛一次，称为"一轮"。每两个队员之间的比赛称为"一场"。

单循环赛总场数的计算公式：

总场数 $=\dfrac{n\times(n-1)}{2}$，n 为参赛队数或人数。

单循环总轮数的计算：当 n 为偶数时，轮数 $=n-1$；当 n 为奇数时，轮数 $=n$。
如 8 个队参加比赛的轮数为 $8-1=7$；7 个队参加比赛的轮数也等于 7。

（四）单循环赛顺序的确定

为使竞赛获得最佳效果，解决比赛顺序中机会不均等问题，确定较理想的单循环竞赛顺序主要有以下几种办法：

1. 逆时针轮转法

这是乒乓球竞赛采用单循环赛时最常用的确定比赛顺序的一种方法。这种轮转方法把 1 号位固定不动，其他号位每轮按逆时针方向轮转一个位置，即可排出下一轮次的比赛秩序。例如，6 个队参加比赛的排法如下：

第一轮	第二轮	第三轮	第四轮	第五轮
1—6	1—5	1—4	1—3	1—2
2—5	6—4	5—3	4—2	3—6
3—4	2—3	6—2	5—6	4—5

如参赛队数（人数）是单数时，用"0"补成双数进行上述轮转，与"0"相遇的队即为该轮轮空。例如，5 个队参加比赛的排法如下：

第一轮	第二轮	第三轮	第四轮	第五轮
1—0	1—5	1—4	1—3	1—2
2—5	0—4	5—3	4—2	3—0
3—4	2—3	0—2	5—0	4—5

逆时针轮转法的特点是保证了各队（选手）比赛进度的一致；最可能成为冠亚军决赛的比赛被安排在整个比赛秩序的最后一轮，使比赛在最后阶段进入高潮。最强的"1"号的对手实力由弱到强，最后和"2"相遇，从理论上体现了对种子队的照顾，各轮比赛中强弱的搭配相当均匀。

2. 顺时针轮转法

先确定最后一轮的比赛，再固定 1 号位，其他位置逐渐按顺时针轮转一个位置，倒推出各轮的比赛秩序。

第一轮	第二轮	第三轮	第四轮	第五轮
1—4	1—6	1—5	1—3	1—2
2—6	4—5	6—3	5—2	3—4
3—5	2—3	4—2	6—4	5—6

顺时针轮转法的特点是在最后一轮安排了四场实力最接近的比赛，使比赛在最后一轮走向高潮。但它也有明显缺陷，各轮比赛中强弱的搭配很不均匀。这种方法在乒乓球比赛中有时也被采用。

3. 大轮转、小调动

在逆时针轮转法的基础上，根据某种需要对某个场次或轮次进行个别的"小调动"。比如，为了满足电视转播的要求，把需要转播的轮次与其他轮次互相调换，也可对需要转播的场次在同一轮中的顺序加以调整，以满足特定转播时间的要求。

（五）单循环赛名次的确定

乒乓球比赛规则规定：单循环比赛中按积分确定名次，积分多名次在前。积分按胜一场得2分，负一场得1分，未出场比赛或未完成比赛的场次得0分计算。如果有两个或两个以上的队（人）积分相同，他们有关的名次应由他们相互之间比赛的成绩决定。

(1) 首先计算比赛获得的场次积分。

(2) 如积分相同，再计算队（人）比赛场次、局和分的胜负比率（胜/负），直至算出名次。

场次比率=胜场数/负场数；局数比率=胜局数/负局数；分数比率=胜分数/负分数。

(3) 如在任何阶段决定出各队（人）的名次后，其他仍有积分相同者，应将已决定出名次者排除，按照上述程序继续计算同积分者。

(4) 如果以上程序仍不能决定出名次，应抽签决定。

下面以7名运动员循环比赛的成绩为例进行解析，如表4-2所示。

表4-2　7名队员循环比赛成绩

	A	B	C	D	E	F	G	积分	计算	名次
A	—	3∶2	1∶3	2∶3	0∶3	3∶1	3∶0			
B	2∶3	—	3∶1	2∶3	1∶3	3∶2	3∶0			
C	3∶1	1∶3	—	2∶3	2∶3	3∶0	3∶1			
D	3∶2	3∶2	3∶2	—	3∶0	1∶3	3∶1			
E	3∶0	3∶1	3∶2	0∶3	—	1∶3	2∶3			
F	1∶3	2∶3	0∶3	3∶1	3∶1	—	1∶3			
G	0∶3	0∶3	1∶3	1∶3	3∶2	3∶1	—			

① 计算各位队员的场次积分。根据规则，运动员D胜5场负1场积11分，为第一名。运动员A、B、C、E均胜3场负3场积9分，为2—5名。运动员F、G均胜2场负4场积8分，为6—7名，如表4-3所示。

乒乓球竞赛规则

表4-3 7名队员循环比赛成绩场次积分

	A	B	C	D	E	F	G	积分	计算	名次
A	—	3:2	1:3	2:3	0:3	3:1	3:0	9		2—5
B	2:3	—	3:1	2:3	1:3	3:2	3:0	9		2—5
C	3:1	1:3	—	2:3	2:3	3:0	3:1	9		2—5
D	3:2	3:2	3:2	—	3:0	1:3	3:1	11		1
E	3:0	3:1	3:2	0:3	—	1:3	2:3	9		2—5
F	1:3	2:3	0:3	3:1	3:1	—	1:3	8		6—7
G	0:3	0:3	1:3	1:3	3:2	3:1	—	8		6—7

② 根据规则，去除确定名次的运动员 D 的成绩，再分别计算积分相同的运动员的成绩。先看 F 和 G，两人积分均为 8 分，F 负 G 后，F 的积分为 1，G 的积分为 2，故运动员 G 排名靠前，为第 6 名，运动员 F 为第 7 名（表4-4）。

表4-4 运动员 F、G 的积分

	F	G	积分	计算	名次
F	—	1:3	1		7
G	3:1	—	2		6

③ 再看运动员 A、B、C、E 的积分情况，运动员 A、B、C 均胜 1 场负 2 场，积分为 4；运动员 E 胜 3 场，积分为 6，故运动员 E 排名第二（表4-5）。

表4-5 运动员 A、B、C、E 的积分

	A	B	C	E	积分	计算	名次
A	—	3:2	1:3	0:3	4		3—5
B	2:3	—	3:1	1:3	4		3—5
C	3:1	1:3	—	2:3	4		3—5
E	3:0	3:1	3:2	—	6		2

④ 根据规则，将运动员 E 的成绩去除，继续计算运动员 A、B、C 的场次积分。3 名运动员均 1 胜 1 负，积分为 3。继续计算局分比率：

A =（3+1）/（2+3）= 4/5 = 0.8，

B =（2+3）/（3+1）= 5/4 = 1.25，

C =（3+1）/（1+3）= 4/4 = 1。

139

由于 1.25>1>0.8，故运动员 B 为第 3 名，运动员 C 为第 4 名，运动员 A 为第 5 名，如表 4-6 所示。至此，排出所有运动员的成绩名次。

表 4-6　运动员 A、B、C 的积分

	A	B	C	积分	计算	名次
A	—	3∶2	1∶3	3	0.8	5
B	2∶3	—	3∶1	3	1.25	3
C	3∶1	1∶3	—	3	1	4

（六）单循环赛的抽签

单循环赛目前在团体赛和单项比赛的第一阶段或单项比赛的预选赛中使用，除世界比赛的预选赛之外，一般比赛循环赛的小组的数量应为 2^n，以便在第二阶段进行淘汰赛。组内的队（人、对）数一般应控制在 3—6 为宜，组与组之间的差值不能大于 1，而每个小组内队（人、对）数的多少，应根据比赛的目的、时间、球台数等具体情况来确定。如果比赛的目的是选拔运动员，比赛的时间较长，球台较多，应少设比赛小组，每个比赛小组内的队（人、对）数较多；否则应多设比赛小组，每个比赛小组的队（人、对）数较少。

1. 团体赛的抽签方法

一般的团体比赛，每个单位只出一支队伍参加比赛，因此在抽签时不用考虑同单位合理分开的问题，只需按照上一届比赛的名次，根据循环小组的多少，采取蛇形排列的方法进行抽签。例如，16 支队伍参加比赛，计划分 4 个循环小组进行比赛，可按下列方法进行抽签（表 4-7）。即上届比赛的第 1—4 名，分别直接进入 A、B、C、D 四个小组，上届比赛的 5—6 名抽签进入 C 组或 D 组，7—8 名抽签进入 A 组或 B 组，依此类推直至将所有的参赛队都抽入各个循环赛小组。但如果有单位报两个以上的队参加比赛，原则上应将他们抽入不同的循环赛小组（队数不大于组数时），除非组委会另有规定，并征得各个参赛队同意。

表 4-7　团体循环赛抽签方法

A	B	C	D
1	2	3	4
7—8		5—6	
9—10		11—12	
14—15		13—14	

2. 单项比赛的抽签方法

单项比赛时，每个队可有多名运动员参赛，且各个队参赛的人数不相同，因此，循环赛小组的抽签方法比较复杂。在抽签时必须考虑到将各队的队员合理分开，组与组之间的差额不能大于1，除非组委会另有规定，并征得各个参赛队同意。

抽签步骤：

（1）核对报名表。认真核对每个参赛队每个单项的名单及其队内排名。

（2）确定种子。根据比赛规定的确定种子的办法，确定每个单项的种子及其种子批号。例如，世界级单打比赛应依据最新公布的世界排名确定种子，双打比赛则应依据排名委员会对每对双打选手的排名而定。

（3）种子选手的抽签。根据循环小组的组数及种子的个数，将种子分批按蛇形排列的方法抽入各个循环小组，方法与团体赛基本相同，但也要考虑同队队员合理分开的问题。

（4）非种子的抽签。按一定的顺序，将非种子队员合理分开，并应避开同队的种子队员。非种子队员的抽签顺序，可按报名先后、队名的汉语拼音顺序、队名的笔画顺序、团体赛的名次、报名人数等进行抽签。抽签前应根据每个单项循环小组的数量及报名参赛的人数，计算每个循环赛小组的人数，为报名人数等于循环小组数的队预留好位置。在抽签过程中，应按顺序进行抽签，在抽每个队的签之前，应注意该队已抽入各组的种子队员的位置、该队的人数，以及每个循环赛小组人数与已进入该组的人数之差，确定要抽签的队员可以进入的循环赛小组，以免违反抽签原则的事发生。

四、淘汰赛

乒乓球单项比赛主要采用淘汰赛的比赛办法，如世界乒乓球锦标赛的男子单打、女子单打、男子双打、女子双打、混合双打、男女团体赛的第二阶段也采用淘汰赛。淘汰赛又分为单淘汰赛和双淘汰赛。

（一）单淘汰赛

所谓单淘汰赛，就是将所有参加比赛的运动员（队）按编排成的一定的比赛秩序由相邻的两名参赛者进行比赛，败者淘汰，胜者进入下一轮，淘汰到只剩最后一个运动员（队），该运动员（队）即为本次淘汰赛的冠军（表4-8）。

表 4-8 单淘汰赛比赛顺序

1. 优缺点

优点：

（1）适合于有大量参与者的比赛。比赛时间短、场地少、场次少，竞赛效率高，可以节省大量资源。

（2）对抗性强。参赛者只能赢，不能输，输了就失去继续比赛的机会，比赛双方没有妥协的余地，比赛名次容易确定。

（3）吸引力强。随着比赛的进行，运动员的对抗逐渐进入高潮，吸引越来越多的观众。

缺点：

（1）多数参赛者的比赛场次少，不完整性和偶然性强，名次的合理性差。

（2）正确的种子编排难度大。

2. 单淘汰赛选择号码位置数

采用单淘汰赛的比赛方法时，应先根据参赛人数选择最接近的较大的 2 的乘方数作为号码位置数。比赛常用的号码位置是：$2^5=32$，$2^6=64$，$2^7=128$。

当参赛的人数不等于号码位置数时，需要在比赛的第一轮设置一定数量的轮空位置，使参加第二轮比赛的人数正好是 2 的乘方数。轮空数=号码位置数-参赛人数。

当参赛的人数稍大于 2 的乘方数时，可用"抢号"的方法来解决。以最接近的较小的 2 的乘方数作为号码位置数，安排一部分运动员进行抢号。抢号就是两名运动员使用一个号码位置先进行一场比赛。抢号和轮空在性质上是完全相同的，抢号的位置可查轮空位置表。

查表的方法：首先确定号码位置数和轮空数，然后按照轮空数，依次从左到右摘出小于比赛位置数的号码，即为轮空号码。例如，29 人参赛，选择 32 为号码位置数，轮空数＝3，3 个轮空位置查表为 2、31、18。轮空位置表如表 4-9 所示。

表 4-9　轮空位置表

2	255	130	127	66	191	194	63
34	223	162	95	98	159	226	31
18	239	146	111	82	175	210	47
50	207	178	79	114	143	242	15
10	247	138	119	74	183	202	55
42	215	170	87	106	151	234	23
26	231	154	103	90	167	218	39
58	199	186	71	122	135	250	7
6	251	134	123	70	187	198	59
38	219	166	91	102	155	230	27
22	235	150	107	86	171	214	43
54	203	182	75	118	139	246	11
14	243	142	115	78	179	206	51
46	211	174	83	110	147	238	19
30	227	158	99	94	163	222	35
62	195	190	67	126	131	254	3

3. 单淘汰赛轮数和场数的计算

（1）计算轮数：单淘汰赛所采用的号码位置数（2 的乘方数），其指数即为轮数。2 的几次方即为几轮。例如，8 个号码位置数＝2^3，为 3 轮。

（2）计算场数：场数＝人数−1。例如，16 人参加单淘汰赛，比赛场数为（16−1），即 15，即比赛 15 场。

单淘汰赛只能决出冠、亚军，要想进一步排出后面的名次，可采用附加赛，胜者与胜者、负者与负者之间进行比赛，直至排出想得到的全部名次（表 4-10）。

表 4-10　单淘汰赛附加赛比赛顺序

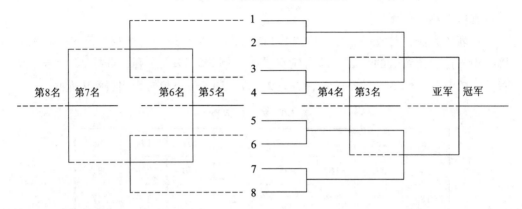

（二）双淘汰赛

双淘汰赛是指运动员按编排的秩序进行比赛，失败两场即被淘汰，最后失败一场者为亚军，不败者为冠军。这种比赛方法称为双淘汰赛（表 4-11）。

表 4-11　双淘汰赛比赛顺序

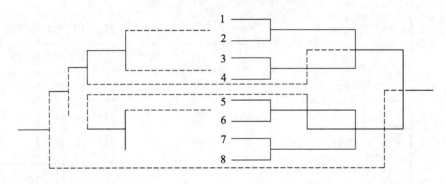

1. 优缺点

优点：

（1）保证每名参赛者至少参赛两次。

（2）失败过一次的参赛者依然可能赢得冠军。

（3）种子编排并不十分重要。

（4）对比赛场地要求少。

（5）比单淘汰制更能衡量参赛者的水平。

缺点：

（1）某些参赛者参加很多场比赛，某些参赛者则参加很少场。

（2）需要多个轮次才能结束比赛。

2. 双淘汰赛轮数和场次的计算

（1）计算轮数：胜方轮数与单淘汰赛的计算方法相同，即所选用的号码位置数

（2 的乘方数），其指数即为轮数；负方的轮数，在第一轮当中一半在胜方，故其轮数本应为 $n-1$，而在第一轮的胜方中，从第二轮到最后一轮，每一轮要把负者推到左边的负方，共推 $n-1$ 次。

$$负方轮数 = (n-1)+(n-1) = 2n-2，$$

$$总轮数 = n+(2n-2)（式中的 n 为号码位置数的指数）。$$

（2）计算场数：双淘汰赛的场数实际上是胜方场数与负方场数之和。胜方场数为（人数-1），负方场数为（人数-2）。设 x 为参加比赛人数（队数），则双淘汰比赛场数=胜方比赛场数+负方比赛场数，即

$$总场数 = (x-1)+(x-2) = 2x-3$$

（三）混合赛制

一次竞赛中同时使用循环制和淘汰制为混合制。在乒乓球竞赛中主要有以下几种形式：

（1）淘汰后循环。先采用单淘汰赛的方法，将大多数或绝大多数的队（运动员）淘汰，最后剩下少数优秀队（运动员）再进行单循环赛。这种竞赛办法，可使少数优秀队（运动员）得到更多的锻炼，或对他们进行更好的选拔。

（2）先循环后淘汰。整个竞赛分为两个阶段：第一阶段，将参加比赛的队（运动员）分成若干小组，分组进行单循环赛；第二阶段，由各个小组相应的同名进行单淘汰赛，决出部分或全部名次。这种竞赛办法，不仅可以有效地控制整个竞赛总量和各队（运动员）的比赛强度，而且能将竞赛在最后阶段逐步推向高潮。

（四）单淘汰赛的抽签

1. 种子与种子位置

种子：为了部分地克服单淘汰制名次的不合理性，一般在抽签前根据一定的原则确定一些参赛选手为强手，在抽签时按照规则将他们彼此避开，尽量晚些相遇，而最强的两位选手则最后相遇。这些被特定安排的强手就是"种子"。

种子位置：种子所在的号码位置即为种子位置。种子位置的分布应是均匀的，各区之间的差值不得大于 1。比赛前可从种子位置表中查出所需要的种子位置（表 4-12）。

查看方法：根据种子数目，依次逐行从左到右摘出小于或等于比赛号码位置数的号码，即为种子号码。例如，54 人参赛，号码位置数为 64，比赛设 8 名种子，种子位置依次为 1、64、33、32、17、48、49、16。由此可以看出，轮空位置正好在种子位置旁边（当轮空数不大于种子数时），这是由于种子选手有优先轮空的资格，因而知道一种就很容易找到另外一种，如表 4-12 所示。

表 4-12 种子位置表

1	256	129	128	65	192	193	64
33	224	161	96	97	160	225	32
17	240	145	112	81	176	209	48
49	208	177	80	113	144	241	16
9	248	137	120	73	184	201	56
41	216	169	88	105	152	233	24
25	232	153	104	89	168	217	40
57	200	185	72	121	136	249	8

2. 抽签的方法和步骤

(1) 核对报名表。

(2) 计算轮空数,查表确定轮空位置。

(3) 确定种子名单,查表确定种子位置。

(4) 填写抽签平衡控制表。

(5) 找出轮空位置的号码签和种子号签。

(6) 种子分批抽签,直接定位。

(7) 非种子选手进区。

(8) 非种子选手定位。

3. 案例说明

为便于表述,现以6个队28名选手参加单淘汰赛为例进行解析。

某次淘汰赛报名情况:A队6人,B队4人,C队5人,D队4人,E队3人,F队6人。抽签步骤如下:

(1) 核对报名单无误,28名运动员比赛,选择32个号码位置数。

(2) 轮空数为32−28=4,号码应该是2、31、18、15。

(3) 种子数量为8,名单如表4-13所示,其中A_1表示A队的1号队员,A_2表示A队的2号队员,其他同理。

表 4-13 种子名单

1号种子	2号种子	3号种子	4号种子	5号种子	6号种子	7号种子	8号种子
A_1	D_1	A_2	C_1	F_1	B_1	C_2	A_3

(4) 绘制平衡控制表。用符号将运动员抽入平衡控制表中。根据各队运动员人数的不同,可将运动员分为两种不同类型的选手:一个队中人数为4的整数倍的那部分运动员,称为"R"型选手;一个队中除了"R"型选手以外的其余运动员,

称为"S"型选手。例如,有8名和4名运动员的队,全是"R"型选手;有7名运动员的队,其中有4名"R"型选手,3名"S"型选手;有6名运动员的队,其中有4名"R"型选手,2名"S"型选手;有5名运动员的队,其中有4名"R"型选手,1名"S"型选手;有3名、2名和1名运动员的队,全是"S"型选手。

"R"型选手用"○"表示,代表"固定数",可直接被划入1/4区。例如,对于有8名"R"型选手的队,每个1/4区内划2个,有4名"R"型选手的队,每个1/4区内划1个。"S"型选手用"●"表示,代表"机动数",是指需要进行平衡控制的选手,将其划在1/4区或1/2区的交界线上。例如,对于有2名"S"型选手的队,在第一、第二两个1/4区的交界线和第三、第四两个1/4区的交界线上各划1个。对于只有1名1/4区的队,将其划在上、下两个半区的交界线上。

然后再计算出各区的机动数。机动数=号码位置数-轮空数-固定数。1/4区的机动数为各个1/4区的号码位置数减去该1/4区的轮空数和固定数,其结果即该区"S"型选手的个数。1/2区的固定数,包括该1/2区中两个1/4区内的"R"型选手和1/4区交界线上的"S"型选手的个数。本例中有28名选手,每个1/4区的位置数均为8,轮空数为1,固定数为5,机动数为2。每个1/2区的位置数为16,轮空数为2,固定数为13,机动数为1,如表4-14所示。

表4-14　28名队员淘汰赛平衡控制表

1/2区	1/4区	A 6	B 4	C 5	D 4	E 3	F 6	1/4区 位置数	轮空数	固定数	机动数	1/2区 位置数	轮空数	固定数	机动数
上半区	1	○	○	○	○		○	8	1	5	2	16	2	13	1
		●				●	●								
	2	○	○	○		●	○	8	1	5	2				
下半区	3	○	○		●	●	○	8	1	5	2	16	2	13	1
		●													
	4	○	○	○	○		○	8	1	5	2				

找出轮空位置号码签2、31、18、15,种子号签1、32、17、16、9、24、25、8。

(5)种子抽签定位。1号种子为A_1,应在1的位置,2号种子为D_1,应该在32的位置。由于A_2和A_1在同一单位,3—4号种子,应在下半区顶部17的位置,4号种子C_1应在16的位置。第5—8号种子中,A_3和C_2应与同单位的分开,所以A_3应被任意抽入没有A_2和A_1的第二个、第四个1/4区,如抽在第四区25的位置。C_2应被抽入C_1不在的下半区,现应定在24的位置。B_1和F_1的应被任意抽入8和9的位置,若F_1被抽入8号位置,则B_1被抽入9号位置。至此,种子定位完毕,如图4-13所示。

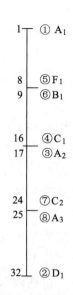

图 4-13 种子定位图

(6) 非种子选手进区。

① 抽 A 队：选手 A_4 进入 2/4 区。A_5、A_6 是机动数，上、下半区各进 1 名，若 A_5 进入第二个 1/4 区，A_6 进入第三个 1/4 区，此时应在第二个 1/4 区和第三个 1/4 区的机动数一格内各划掉 1 个机动数。

② 抽 B 队：选手 B_1 在上半区，B_2 应进入下半区，若抽在第三个 1/4 区，则 B_3 和 B_4 可任意被抽入第一个 1/4 区和第四个 1/4 区。现 B_3 在第一个 1/4 区，B_4 在第四个 1/4 区。

③ 抽 C 队：因 C_1 和 C_2 已在第二个 1/4 区与第三个 1/4 区，故 C_3 和 C_4 被任意抽入第一个 1/4 区和第四个 1/4 区。若 C_4 被抽入第一个 1/4 区，C_3 被抽入第四个 1/4 区，在 1/2 区线上的机动数 C_5 也被抽入第四个 1/4 区，则在第四个 1/4 区和第二个 1/2 区内划掉 1 个机动数。

④ 抽 D 队：因选手 D_1 是第 2 号种子且已在下半区的第四个 1/4 区，所以 D_2 应被抽入上半区，若被抽入第一个 1/4 区，则该队 D_3、D_4 可被任意抽入第二个 1/4 区和第三个 1/4 区。若 D_4 被抽入第二个 1/4 区，则 D_3 抽入第三个 1/4 区。

⑤ 抽 E 队：其 3 名选手均是机动数。先抽 E_1、E_2，若 E_1 进入第三个 1/4 区、E_2 进入第二个 1/4 区，应在第三个 1/4 区、第二个 1/4 区的机动数一栏各划掉 1 个机动数。至此，第二个 1/4 区、第三个 1/4 区的机动数已满。故 E_3 只能被抽入第一个 1/4 区或第四个 1/4 区，若被抽入第一个 1/4 区，则在第一个 1/2 区的机动数一栏划掉 1 个机动数。

⑥ 抽 F 队：因选手 F_1 是种子且已进入第一个 1/4 区的 8 号位置，故 F_2 应在下半

区。若 F_2 被抽入第四个 1/4 区，则 F_3、F_4 被任意抽入第二个 1/4 区和第三个 1/4 区。F_5、F_6 是机动数，现只能被抽入第一个 1/4 区和第四个 1/4 区，若 F_5 进入第一个 1/4 区，则 F_6 进入第四个 1/4 区，同时应划掉第一个 1/4 区和第四个 1/4 区机动数一栏内各 1 个机动数。

至此，各队非种子选手进区完毕（表 4-15）。

表 4-15 单淘汰抽签平衡控制表

1/2区	1/4区	A	B	C	D	E	F	1/4区				1/2区			
		6	4	5	4	3	6	位置数	轮空数	固定数	机动数	位置数	轮空数	固定数	机动数
上半区	1	①	③	④	②		①	8	1	5	2̶ 1 0	16	2	13	1̶ 0
	2	④	①	①	④		④	8	1	5	2̶ 1 0				
下半区	3	②	②	②	③		③	8	1	5	2̶ 1 0	16	2	13	1̶ 0
	4	③	④	③	①		②	8	1	5	2̶ 1 0				

（7）非种子选手定位

先抽第一个 1/4 区：此区中的 C_4、D_2、E_3、F_5、B_3 等选手均来自不同单位，可以任意抽签进入各号位，如 C_4 选手进入 3 号位，D_2 选手进入 4 号位，E_3 选手进入 5 号位，F_5 选手进入 6 号位，B_3 进入 7 号位。同时将抽签结果记录下来。

抽第二个 1/4 区：因 A_4、A_5 均在本区，应用 1/8 的区签先将他们分在不同的第三个 1/8 区和第四个 1/8 区内，然后用第三个 1/8 区的 10、11、12 号签定位。例如，将 A_4 抽入 10 号，再用第四个 1/8 区的 13、14 号签定位，若 A_5 被抽入 14 号位，剩下的 E_2、D_4、F_4 经任意抽签进入 11、12、13 号三个位置，如 D_4 进 11 号位，E_2 进 12 号位，F_4 进 13 号位。

用同样方法抽第三个 1/4 区：例如，B_2 进入 19 号位，F_3 进入 20 号位，E_1 进入 21 号位，D_3 进入 22 号位，A_6 进入 23 号位。

最后抽第四个 1/4 区：B_4 进 26 号位，C_3 进 27 号位，F_2 进 28 号位，F_6 进 29 号位，C_5 进 30 号位，记录抽签结果（表 4-16），至此抽签与记录工作全部结束。

表 4-16　抽签结果表

1	A_1	
2	轮空	
3	C_4	
4	D_2	
5	E_3	
6	F_5	
7	B_3	
8	F_1	
9	B_1	
10	A_4	
11	D_4	
12	E_2	
13	F_4	
14	A_5	
15	轮空	
16	C_1	
17	A_2	
18	轮空	
19	B_2	
20	F_3	
21	E_1	
22	D_3	
23	A_6	
24	C_2	
25	A_3	
26	B_4	
27	C_3	
28	F_2	
29	F_6	
30	C_5	
31	轮空	
32	D_1	

复习思考题

1. 下表是四名运动员循环赛的比赛成绩，请计算排名，并写出简要步骤。

	A	B	C	D	积分	计算	名次
A	—	3∶2	1∶3	3∶0			
B		—	3∶1	3∶0			
C			—	3∶0			
D				—			

2. 绘制8人淘汰赛附加赛的比赛顺序表，标出1—8名位置，并计算场次、轮次。

3. 简要介绍乒乓球双打比赛的规则。

4. 简要介绍乒乓球裁判红、黄、白牌的使用方法。

国际乒乓球联合会

国际乒乓球联合会（International Table Tennis Federation，ITTF），简称国际乒联，1926年成立于德国柏林。国际乒联是国际单项体育联合会总会成员。1988年，乒乓球被列为奥运会比赛项目，设男、女单打和男、女双打4个小项。截至2019年，国际乒联的成员协会已达到226个，全世界所有有登记的国家和地区，都加入了国际乒联，这个数字也是对国际乒联全球推广工作的肯定。

国际乒联的宗旨是在国际比赛中维护乒乓球规则，并对这些规则做一些改变和补充，以扩大和推动乒乓球运动。

国际乒联的任务是坚持乒乓球发展的原则，在协会会员间和运动员间发展友谊精神和增进相互了解，协调组织间的关系，寻求乒乓球水平的持续发展和在全世界普及率的提高，培养友好竞争，消除使用兴奋剂等不道德行为；按照符合奥运会资格的要求制定规则并在国际比赛中实施，出版英文章程和规则，鼓励其他语种版本的出版,并检查其正确程度;促进并监督世界级比赛,基于国际乒乓球运动的利益使用联合会的资金。

思想点睛

乒乓球是一项以技能为主导的运动,其发展一直伴随着技术的不断创新,中国乒乓球队正是掌握了技术创新的法宝而几十年屹立于世界乒坛的高峰。为了增强乒乓球运动的观赏性和挑战性,自20世纪末开始,国际乒联对乒乓球运动进行了一系列改革。但每次国际乒联出台新的规定,中国乒乓球队都会根据规则的变化寻找规律,做出相应的调整,包括人员、训练方案、技战术打法等方面,积极适应外部环境的变化。正因为中国乒乓球队对于规则的变化时刻保持清醒的认识,随时准备进行变革,才能在不断变化的环境中从容应对,始终笑到最后。这种与时俱进、求新求变的精神是非常值得我们学习的。

乒乓球科学研究 5

第五章 乒乓球科学研究

本章提要

本章介绍了乒乓球科学研究的意义和现状，从意义、任务、现状和发展方向四个方面对乒乓球技战术研究进行了重点阐释。通过两个经典的乒乓球技战术研究案例介绍，学生可以更好地了解该领域的研究途径和方法。通过本章的学习，学生能够了解乒乓球领域的科研现状，掌握目前主要的乒乓球技战术分析方法，完成一般的乒乓球技战术的应用型研究。

第一节 乒乓球科学研究概述

一、乒乓球科学研究的意义

体育科学研究是人们研究体育现象，揭示体育内部和外部规律的一种创造性的实践活动，是人类科学研究活动的组成部分。随着现代科学和体育的发展，体育科学日益显示出它的重要性。体育科学不仅是现代体育事业的重要组成部分，而且是现代体育发展的先导、桥梁和催化剂。实践表明，一个国家体育的发展程度与其体育科学发展水平密切相关。

中国乒乓球在半个多世纪里一直保持着长盛不衰的记录，骄人的战绩背后离不开各项科学研究的大力支持。中国国家乒乓球队历来高度重视科学研究，几代乒乓球科研人员长期跟队，收集了历届世界大赛的集训备战资料，积累了大量的数据并加以研究，取得了丰硕的成果，为中国乒乓球事业的持续辉煌做出了卓越贡献。例如，吴焕群、张晓蓬等通过长期的跟队观察及大赛调研，在积累了大量统计数据和丰富的技战术分析经验的基础上，首次提出了"三段指标评估法"的实力诊断模型,在中国乒乓球队备战历届奥运会和世乒赛期间,对主力队员进行竞技状态的诊断和技战术的分析,取得了良好的效果,成为球类比赛科学分析的一个范例。这一研究成果也为其他球类项目的技战术研究提供了新的思路。

在大量实践的基础上,通过科学的方法和途径,不断地总结经验、深入研究,从而有所发现、有所发明、有所创造、有所前进,推动乒乓球运动的蓬勃发展,这正是乒乓球科学研究的意义所在。

二、乒乓球科学研究的现状

有关乒乓球运动的研究,国内外学者从不同视角、不同学科进行了诸多的探索,成果丰富,使得乒乓球运动的科学发展不断向纵深迈进。总体来说,乒乓球运动的研究呈现出百花齐放的局面,具有议题多元化、时间跨度长、内容深入的特点。

(1)从研究文献数量上来看,乒乓球运动的研究呈现出整体波动、平稳上升的趋势,每次大赛前后相应研究文献快速增多,呈现出明显的赛季效应。顾若辰、李荣芝等对1988—2018年中国知网核心期刊数据库和Web of Science数据库的调查发现:国内发文量在1988—1991年呈线性递减趋势,为低谷期;1992—1996年呈线性递增趋势,在1996年达到近10年来的第一个高峰,此时正值亚特兰大奥运会成功举办,中国乒乓球队夺得男单、女单、男双、女双金牌,此后乒乓球成为学术界关注的焦点;2002—2008年文献数量呈快速增长阶段,由于北京奥运会的举办,相关发文量达到历史第二高峰;2009—2018年,除2014年出现高峰外,其他年份呈不规则波动状态。从国外情况来看,1988—2007年,有关乒乓球的研究文献较少,处于萌芽阶段;2008—2012年呈直线式上升,为快速增长期;2013—2018年,呈上下波动状态,总体较为平稳。

(2)从研究地域来看,中国的研究主要聚集在北京、上海、沈阳、武汉等地;而国外研究聚集在亚洲、欧洲东西部、北美洲。这与当今世界乒乓球运动的发展格局相契合,揭示了乒乓球运动的相关研究对本国或地区的竞技水平具有重要的影响。图5-1、图5-2所示为国内外乒乓球研究的分布状态。

(3)从研究热点来看,国内的研究方向较为集中,多聚焦于乒乓球运动员技术层面,乒乓球教学也占一定比例;国外的研究主要围绕运动员心理、生理与机器人展开,关注优秀运动员、青少年、残疾人群体,研究的对象较为分散。

(4)从具体的研究主题来看,技战术的研究在国内外都是"重中之重"。国外的研究注重乒乓球运动员赛前、赛中、赛后的生理、心理变化与行为表现特征等;而国内则更关注单一技术、战术组合、训练方法、技战术分析方法等的规律挖掘和创新。

乒乓球科学研究

国内研究的机构分布　　　　　国外研究的国家（地区）分布

图 5-1　国内外乒乓球研究的地域分布

根据钟飞、李荣芝对 10 种体育类核心期刊的分析，技战术研究成为最主要的主题，关于乒乓球技战术的研究文献数量位列第 1 位，约占研究总量的 35.77%（图 5-2）。2007—2009 年，乒乓球技战术研究呈线性上升趋势，2009—2015 年维持在适中水平，2015 年开始急剧下降。技战术文章发表率下降的原因主要是研究方法陈旧。但近年来，除传统技战术分析研究外，随着科技水平的不断提高，研究方法不断创新、突破，研究更趋于科学化和效益化。例如，张辉在《对抗性项目技术效益研究》一文中论述了乒乓球项目经典技术效益、平衡点及其计算公式，并通过微调进一步构建了不同平衡点的技术效益公式，对比赛中提高优势技战术的使用效率有重要意义，为未来技战术研究指引了方向。

乒乓球项目属隔网对抗项目，技战术丰富多变，技战术的合理运用直接关系到比赛的胜负，因此成为最热门的研究主题。乒乓球技战术研究具有较大的理论和实践意义，在日后的研究中，我们要从研究内容、研究方法、研究视野上不断地丰富、创新和完善。

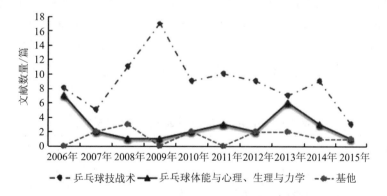

图 5-2　2006—2015 年研究主题变化曲线图

第二节 乒乓球技战术研究

一、乒乓球技战术研究的意义

我国著名的运动训练学专家田麦久对众多的竞技运动项目进行了科学分类,提出并建立了"项群训练理论",科学地揭示了不同类别运动项目的客观规律。乒乓球、羽毛球和网球项目同属于隔网对抗性球类项目,在球类项目中,运动员的比赛成绩与运动素质的关系不如体能类项目密切。球类项目的技战术复杂多变,可以在比赛中得到灵活运用,使球类比赛与运动素质呈现出非线性的关系,如图5-3所示。这表明在球类运动中,人们很难根据运动素质对运动员(队)的比赛成绩进行预测,运动员(队)的技战术水平对比赛的胜负起着极其重要的作用。

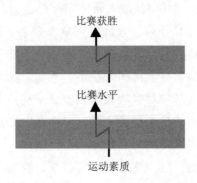

图5-3 球类比赛成绩与运动素质的非线性关系

就比赛成绩和战术的关系而言,不同运动项目之间的区别很大。田麦久在对不同运动项目战术重要性的5级判别中(表5-1),将球类比赛归为战术重要性最高的一类(篮球、足球、手球和排球为5级,乒乓球等为4级)。战术的运用成功与否,往往成为比赛胜负的决定性因素。因此,技术和战术是乒乓球运动员竞技能力的主导因素。因此,围绕技战术能力进行的科研工作一直是提高乒乓球项目科学化训练水平的重中之重。

表5-1 不同运动项目战术重要性的5级判别

竞赛人数	竞赛形式	战术重要性等级
集体	同场对抗	5
	隔网对抗(排球)	

续表

竞赛人数	竞赛形式	战术重要性等级
个人	格斗对抗	4
	隔网对抗（乒、羽、网）	
	同道争先	3
	分组竞速	2
	依次竞赛、竞远、竞重	1
	依次表现难度、美感	
	依次表现准确性	

技战术分析工作是运动员赛前准备工作的一个极其重要的环节，也是新一轮训练工作的起点（运动员的技战术状态诊断），它在整个训练过程中起着极其重要的影响。图 5-4 揭示了比赛、技战术与训练之间的关系。由此可以看出，技战术分析的工作贯穿于整个训练过程，在不同的训练阶段，比赛、技战术的侧重点有所不同。一般情况下，大赛结束意味着新的训练周期开始，技战术分析的重点往往是本方运动员，其主要目的是分析运动员在大赛中技战术方面的优点和缺点，为下阶段训练计划的制订提供科学依据。而大赛前的技战术分析，其重点是分析对手的技战术特点，使教练员、运动员做到心中有数，针对性地加强练习并做好比赛准备和临场指挥工作。从某种程度上说，赛前的技战术分析对比赛的获胜有着更为直接的意义。

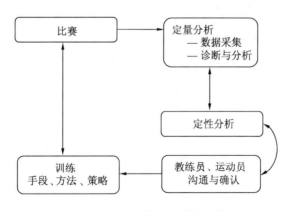

图 5-4 比赛、技战术和训练的关系

二、乒乓球技战术研究的任务

（一）了解对手的技战术特征，为制订合理的战术方案提供科学依据

《孙子·谋攻》中说："知己知彼，百战不殆；不知彼而知己，一胜一负；不知

彼不知己，每战必殆。"在隔网对抗的球类项目中，透彻地了解对手与本方的技战术特点，是比赛获胜的先决条件。对于运动员（队）来说，赛前反复观看比赛录像，分析对手技战术的优缺点，制订相应的战术方案是至关重要的。

（二）掌握运动员的竞技状态，为训练工作提供科学依据

吴焕群、张晓蓬等人长期跟踪和研究中国乒乓球队，在积累大量的统计数据和丰富的技战术分析经验的基础上，首次提出乒乓球"三段指标评估法"的实力诊断模型，在中国乒乓球队备战历届奥运会和世界锦标赛期间，对主力队员进行了竞技状态的诊断和分析，从而为制订训练计划和战术方案提供了有效方法。实践证明这种方法具有较强的实用性，也为训练工作提供了科学依据。

（三）反馈临场比赛信息，为调整临场战术提供科学依据

随着计算机技术的飞速发展，利用电脑、摄像机等先进设备在比赛现场采集技战术数据已成为一种趋势，它具有采集数据准确、运算快、输出结果方便等特点，是教练员临场指挥的好帮手。欧美许多强队很早以前就依靠场外电脑进行现场统计，及时把双方的技战术信息传输给场内的主教练，协助其调兵遣将、施计用谋。目前，这种技术已成为普遍采用的分析手段。

（四）了解和预测技战术发展的方向

通过比赛分析可以了解世界强队的技战术发展动态和现状并加以研究，从而为技战术的发展方向和前景预测提供科学依据。例如，在乒乓球双打比赛中，右手横拍运动员在接发球时，反侧身用反手拉拧的新技术，不但解决了两名右手运动员配对时接发球的站位问题，而且常使对手感到非常不适应。

三、乒乓球技战术研究的现状

（一）技战术分析的数据采集

技战术统计分析工作的第一步就是根据统计指标进行数据采集。根据采集时间的不同，数据采集可以分为临场采集和赛后采集两大类。临场采集即在运动员比赛期间对技战术进行实时采集，临场采集的数据指标少，所反映的信息量也少，但采集时间短，有利于快速进行信息反馈，主要应用于运动队在大赛期间的技战术统计。赛后采集即在比赛后通过观看录像资料进行技战术采集，这种采集由于不受时间限制，可以尽可能多地对所需要的技战术指标进行观察记录，有利于对比赛进行更为细致、深入的技战术研究。

根据统计方式的不同，数据采集可分为手工统计、Excel 表格统计和专用软件统计。最早的乒乓球技战术数据采集是用笔在绘制好的表格上进行手工统计的，如张晓蓬在为中国乒乓球队科研服务时采用的"三段统计表"（表 5-2）、"分段效果统计表"、"一板球多维度图"等。

表 5-2　乒乓球比赛三段统计表

		第一局	第二局	第三局	第四局	第五局	第六局	第七局	合计	
									得	失
发球										
发球抢攻										
发球后控制										
发球被攻										
第五板衔接										
接发球										
接发球抢攻										
接球后被攻										
接球后抢攻										
接球后控制										
主动	正手									
	反手									
	侧身									
相持	正手									
	反手									
	侧身									
被动	正手									
	反手									
	侧身									

随着计算机的普及应用，利用 Excel 编制相应的表格和公式进行数据采集和统计使得烦琐的采集工作变得相对轻松。近些年来，计算机技术迅猛发展，很多专用的乒乓球技战术采集软件被广泛运用，除了国外较为著名的 Simi Scout、Dartfish、Sports Code 等，我国学者根据长期乒乓球科研工作需要，也开发了一些相应的软件，如上海体育学院和同济大学合作研发的"乒乓球技战术采集系统"（图 5-5）、"金杯采集系统"等。此外还有国家体育总局体育科学研究所开发的"乒乓球技战术分析统计软件""体育比赛及训练视频分类管理数据库软件（TacAnalysis）"等。

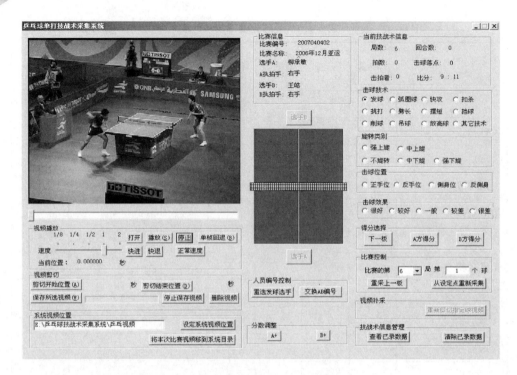

图 5-5　乒乓球技战术采集系统

这类乒乓球技战术统计软件的使用，大大减少了人工数据采集的工作量，它能自动进行数据分析，并将图表化的分析结果显示给教练员和运动员。但到目前为止，无论采用何种数据采集方式，都需要人工的参与，并未实现完全的智能化采集，大量比赛数据的采集仍然费时费力。此外，利用计算机软件进行比赛分析的原理、思路与传统的统计描述分析是一样的，所得到的结果仍然是各项技战术的使用率、得分率、失分率等数据，区别仅在数据获取和操作手段上，运用计算机技术更简便、快速。

（二）技战术分析的理论与方法

比赛观察与分析始于美国的"球探"，其目的主要是考察赛场上运动员的技战术水平和能力。在欧洲，Stiehler 最早将比赛观察的方法与指标系统化，以后逐渐发展出一种传统的比赛分析方法。Czwalina 出版了《球类比赛系统观察》一书，阐述了球类比赛观察与分析的基本理论与方法，以及其在篮球、手球、足球、排球、网球和乒乓球比赛分析中的应用。Lames 在《系统的比赛观察》一书中，详细讨论了比赛观察与分析的原理、作用、方法等。

在我国，自 1963 年吴焕群发表《乒乓球记录统计方法》一文起，数理统计的方法开始应用于我国乒乓球比赛分析中。迄今为止，在 50 多年的发展历程中，乒乓球技战术分析的理论和方法不断创新，现将其按分析方法的不同归纳为四大类：常规比赛分析、高级比赛分析、高级比赛模拟和其他类理论分析。

1. 常规比赛分析

常规比赛分析，也可称为描述统计分析，这种比赛分析主要利用录像观察、数理统计等方法采集数据，计算描述性的统计指标值，如某项技战术的使用率、得分率、平均数、标准差等。通过描述性统计指标的分析，总结运动员的技战术特征，为下一步训练和比赛提供科学依据。常规比赛分析的主要理论方法如下：

（1）三段指标评估法。

在常规比赛分析理论方法中最为经典的当属吴焕群、李振彪等于1988年提出的"三段指标评估法"，该研究方法以每个回合最后一拍的得分或失分为观察点，将运动员的比赛能力从整体上分为发球抢攻段、接发球抢攻段和相持段。

三段指标评估法按照技战术训练水平，将比赛分为发球抢攻段、接发球抢攻段与相持段。发球抢攻段包括发球与第三拍；接发球抢攻段包括接发球与第四拍；相持段为第四拍以后。三段数据的计算公式如下：

① 段得分率=[段得分/（段得分+段失分）]×100%。

② 段使用率=[（段得分+段失分）/（总得分+总失分）]×100%。

三段指标评估法在理论结构分析的基础上，通过大量的实践研究，提出了乒乓球比赛制胜的经验模式（实力评估标准），将各段的得分率指标划分为优秀、良好、及格与不及格四个等级，列表进行评估、分析。评估标准如表5-3、5-4所示。

表5-3 单打评估标准

标准	发抢段		接抢段		相持段	
	得分率	使用率	得分率	使用率	得分率	使用率
优秀	70%		50%		55%	
良好	65%	25%~30%	40%	15%~25%	50%	45%~55%
及格	60%		30%		45%	

表5-4 双打评估标准

标准	发抢段		接抢段		相持段	
	得分率	使用率	得分率	使用率	得分率	使用率
优秀	65%		55%		50%	
良好	60%	25%~30%	50%	30%~35%	45%	35%~45%
及格	55%		45%		40%	

三段指标评估法的特点是按照乒乓球比赛的击球次序规律进行了"段"的划分，这样可以对同一个运动员在不同时期或者在相同时期的不同运动员之间的实力进行比较，它是从宏观上对一个运动员在比赛中临场发挥的能力（或实力）进行了

整体评估，优点是简单易懂、操作方便。自1988年被提出以来，"三段指标评估法"为广大乒乓球研究人员所广泛应用，迄今为止的绝大多数乒乓球技战术特征研究的文献均采用此方法。相关研究表明，在2001—2014年体育类核心期刊乒乓球技战术分析方法的使用中，采用三段指标评估法的占到了61%，针对三段指标评估法进行再研究的文章占了10%。实践证明，三段指标评估法具有可行性与有效性，为推动中国乒乓球运动的发展做出了巨大的贡献。

1997年，李振彪采用三段指标评估法对邓亚萍1994—1995年洲际和世界比赛中三段技术走势做了纵向研究，并与26届奥运会主要竞争对手的三段技术指标做了横向比较。结果表明，用三段指标评估法对运动员技术做自身纵向发展分析和横向比较分析，可以对运动员做出较为客观的技术诊断。

2003年，赵霞在其硕士论文中通过文献资料法、三段指标评估法等对世界优秀男子直拍快攻选手刘国梁、金泽洙、马琳、王皓、蒋澎龙的技战术进行了深入分析，并对直拍快攻打法的发展趋势进行了深入剖析和探讨，提出了很多具有建设性和前瞻性的看法。

2008年，乔红在原有三段指标评估法的基础上，将发球轮和接发球轮分开进行统计，分别获得发抢段和相持段（发球轮）的得分率和使用率，接发球段和相持段（接发球轮）的得分率和使用率，从而使发球轮和接发球轮各自的凶狠程度和命中率更清晰地表现出来，并依此对乒乓球女队张怡宁等5名重点主力队员，在2006年度参加的国际大赛中重点场次的技战术运用进行了系统跟踪、分析与诊断，提出了备战2008年北京奥运会的训练要点和方向。

2010年，张红玲采用三段指标评估法，对2012年伦敦奥运会中国乒乓女队的李晓霞、丁宁、刘诗雯、姚彦4名优秀女子运动员进行了剖析，指出了她们在技术上的特点和不足，认为随着整体实力的提高，应重新审视运动员的技战术特点，采取相应的策略。

（2）改进的三段指标评估法。

2014年，吴飞等在《关于改进乒乓球三段技、战术统计方法的研究》一文中提出了解决三段指标评估法中比赛双方技术统计数据不对应问题的方法：第3板为上旋球（发球方采用发抢战术）后，第5板得分归为发球方相持得分，接发球方也归于相持段；发球方第3板为下旋球（发球方使用回摆、劈长技术），第5板防守或进攻失误，统计为"第5板失分，属于发抢段失分"，接发球方此球归为"接抢段"得分；发球方第3板为下旋球，第5板抢攻、反拉（转攻）得分，此球对于发球方归于相持得分，对于接发球方归于相持失分；第4板的归纳划分类似第5板，取决于第2板（接发球）与第4板的关系。

（3）四段指标评估法。

2014年，在经典的三段指标评估法的基础上，杨青、张辉根据近10年乒乓球比赛技战术分析的研究成果，重新梳理并构建了乒乓球比赛技战术"四段指标评估法"的理论框架（图5-6），制定了男单和女单比赛的评估标准，使得评估结果更加符合训练和比赛需要，进一步揭示了乒乓球比赛的客观规律，完善了乒乓球比赛的技战术统计与分析体系。

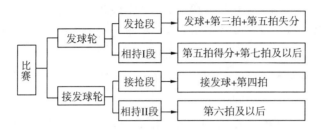

图5-6 四段指标评估法模型结构

该评估方法将运动员的第五拍得分归为相持段，将第五拍失分归为发球抢攻段的统计方法，能够较好地解决传统三段指标评估法中双方运动员各段数据不对应的问题。对于第五拍的划分，乒乓球比赛双方运动员存在着下列关系：① A方的发抢段与B方的接抢段相对应；② A方的接抢段与B方的发抢段相对应；③ A方的相持Ⅰ段与B方的相持Ⅱ段相对应；④ A方的相持Ⅱ段与B方的相持Ⅰ段相对应。双方运动员各个击球段的具体得失分对应情况如图5-7所示。

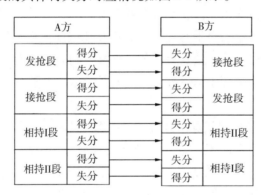

图5-7 比赛双方四段得失分对应情况

四段指标评估法是以比赛规则和技术及战术的内在关系作为基础构想出的分析方法，该分析方法是把比赛发球轮和接发球轮作为一个单位，把发球轮分成了发抢段、相持Ⅰ段，将接发球轮分为接抢段、相持Ⅱ段，共四个击球段。发抢段包括：发球、第三拍、第五拍失分；相持Ⅰ段包括：第五拍得分、第五拍以后；接抢段包括：接发球、第四拍；相持Ⅱ段：第四拍以后。

具体计算公式如下：

① 发抢段得分率＝[（发球得分+第三拍得分）/（发球得失分+第三拍得失分+第五拍失分）]×100%。

② 接抢段得分率＝[（接发球得分+第四拍得分）/（接发球得失分+第四拍得失分）]×100%。

③ 相持Ⅰ段得分率＝[（第五拍得分+相持Ⅰ段得分）/（相持Ⅰ段得失分+第五拍得分）]×100%。

④ 相持Ⅱ段得分率＝[（相持Ⅱ段得分）/（相持Ⅱ段得失分）]×100%。

⑤ 发抢段使用率＝[（发球得失分+第三拍得失分+第五拍失分）/（发球得失分+第三拍得失分+第五拍失分+相持Ⅰ段失分）]×100%。

⑥ 接抢段使用率＝[（接发球得失分+第四拍得失分）/（接发球得失分+第四拍得失分+相持Ⅱ段失分）]×100%。

⑦ 相持Ⅰ段使用率＝[（第五拍得分+相持Ⅰ段得失分）/（发球得失分+第三拍得失分+第五拍得失分+相持Ⅰ段得失分）]×100%。

⑧ 相持Ⅱ段使用率＝[（相持Ⅱ得失分）/（接发球得失分+第四拍得失分+相持Ⅱ得失分）]×100%。

（4）实力差评估法。

为进一步完善乒乓球技战术分析体系，解决比赛双方实力的对比分析问题，杨青、张辉在结合前任的研究基础上，构建了乒乓球比赛"实力差评估法"，并制定了男单和女单的实力差评估标准。该方法可根据比赛双方存在的不同击球轮和击球段的对应关系，通过段实力差、轮实力差及总实力差的计算，直接反映出运动员在各段、各轮及整场比赛中与对手对抗的优劣势及其程度，定量地分析双方运动员竞技能力水平发挥的差距。该方法具有简便、快捷、可量化、易比较的特点，同时也有利于临场指导，但不适用于总得分与胜负关系失衡的小概率比赛。

（5）技术效益评估法。

2013年，张辉、刘炜等根据得分率和使用率之间的关系，针对在实际比赛分析过程中得分率和使用率有时不一致（如某项技术得分率很高，但使用率较低），从而导致很难对技术做出判断的情况，运用二次函数构建了一个技术效益计算公式，创造性地将得分率和使用率拟合在了一起，并通过对121场男单比赛和123场女单比赛的统计，制定了男单和女单技术效益的评估标准（表5-5）。通过技术效益的评估，能够更加精确地反映各项技术在比赛中的使用情况。

表5-5 优秀乒乓球运动员单打比赛技术效益评估标准

指标	优秀	良好	一般	差
男单	$TE_{1,3} \geq 0.565$	$0.543 \leq TE_{1,3} < 0.565$	$0.520 \leq TE_{1,3} < 0.543$	$TE_{1,3} < 0.520$
	$TE_{2,4} \geq 0.533$	$0.506 \leq TE_{2,4} < 0.533$	$0.477 \leq TE_{2,4} < 0.506$	$TE_{2,4} < 0.477$
	$TE_{<4} \geq 0.477$	$0.454 \leq TE_{<4} < 0.477$	$0.423 \leq TE_{<4} < 0.454$	$TE_{<4} < 0.423$

续表

指标	优秀	良好	一般	差
女单	$TE_{1,3} \geq 0.567$	$0.549 \leq TE_{1,3} < 0.567$	$0.526 \leq TE_{1,3} < 0.549$	$TE_{1,3} < 0.526$
	$TE_{2,4} \geq 0.517$	$0.493 \leq TE_{2,4} < 0.517$	$0.465 \leq TE_{2,4} < 0.493$	$TE_{2,4} < 0.465$
	$TE_{<4} \geq 0.483$	$0.456 \leq TE_{<4} < 0.483$	$0.431 \leq TE_{<4} < 0.456$	$TE_{<4} < 0.431$

乒乓球运动员的技术效益受到得分率和使用率两个因素的影响，当得分率大于50%的时候，使用率越大对比赛获胜产生的积极影响越大；当得分率小于50%的时候，使用率越大，则对比赛获胜产生的消极影响也越大。根据这个原理，乒乓球运动员的技术能力（TE）可以通过下列公式计算获得：

$$TE = A + B \times [(1+UR)^{SR-0.5}] + C \times [(1+UR)^2(SR-0.5)],$$

公式中，$A = -\left(1 + \frac{\sqrt{2}}{2}\right)$；$B = (1.5 + \sqrt{2})$；$C = -\frac{\sqrt{2}}{2}$；$SR$ 表示得分率；UR 表示使用率，并具有下列性质：

① TE 值总满足：$0 \leq TE \leq 1$，TE 值越大表明该段技术效益越高；当 $SR > 0.5$ 时，TE 为 UR 的递增函数；当 $SR < 0.5$ 时，TE 为 UR 的递减函数；当 $SR = 0.5$ 时，无论 UR 如何，TE 值都取 0.5。

② 当得分率 $SR = 1$，且使用率 $UR = 1$ 时，表明运动员的该段技术效益最大，TE 值为 1。

③ 当得分率 $SR = 0$，且使用率 $UR = 1$ 时，表明运动员的该段技术效益最小，TE 值为 0。

2014 年，黄文文等利用技术效益公式通过 47 场国际大赛对奥运冠军张继科的技术数据进行了详细的评估。研究结果表明，张继科在与世界排名前 20 位的运动员的比赛中，第 4 拍后技术实力强大，第 2、4 拍技术突出，分别与比赛水平的发挥呈高度相关和中度相关；在与世界排名 20 位以后的运动员的比赛中，其整体实力明显高于其他运动员。

2. 高级比赛分析

高级比赛分析，也可称为数据挖掘（Data Mining）分析，主要是运用各类数据挖掘的方法对乒乓球比赛的技战术进行分析。一般认为数据挖掘是指从大量的、不完全的、有噪声的、模糊的、随机的数据中，提取出隐含在其中的、人们事先不知道的，但又是潜在有用的信息和知识的过程。目前已有多种方法在乒乓球技战术分析中得到应用。

（1）关联规则挖掘。

关联规则蕴含如下形式的逻辑：$A \Rightarrow B$，其中 A，B 是项集，$A \cap B = \varnothing$，对于事务集 D，有 $A \subset D$，$B \subset D$。一般用两个参数描述关联规则的属性。一是支持度

（Support）。支持度（$A \Rightarrow B$）= 包含 A 和 B 的元组数/元组总数。支持度描述了 A 和 B 这两个项集在所有事务中同时出现的概率。二是可信度（Confidence），即"值得信赖性"。可信度（$A \Rightarrow B$）= 包含 A 和 B 的元组数/包含 A 的元组数。可信度表达的就是在出现项集 A 的事务集 D 中，项集 B 也同时出现的概率。关联规则的挖掘问题就是在大型数据库中找出具有给定的最小支持度（minsup）和最小可信度（minconf）的关联规则。关联规则挖掘的算法主要分为两个步骤：首先，找出存在于大型数据库中的所有频繁项集。若项集 X 的支持度 $Support(X) \geq$ 最小支持度 minsup，则称 X 为频繁项集。其次，利用频繁项集生成关联规则。对于每个频繁项集 X，若 $Y \subset X$，$Y \neq \emptyset$，且 Confidence$\{Y \Rightarrow (X-Y)\} \geq$ minconf，则构成关联规则 $Y \Rightarrow (X-Y)$。

高洪歌介绍了 FP-growth 算法在乒乓球比赛技战术分析中的应用方法及实现过程，以 2004 年雅典奥运会乒乓球比赛中王皓和柳承敏的决赛为例，给出使用 FP-growth 算法进行关联规则分析的结果。

虞丽娟、张辉等运用关联规则挖掘算法，根据乒乓球比赛技战术数据属性，以击球落点、击球位置和击球技术为对象，以韩国运动员柳承敏为案例，给出了数据挖掘的结果。

（2）序列模式挖掘。

序列模式（Sequential Pattern）的定义是：给定一个由不同序列组成的集合，其中每个序列由不同的元素按顺序有序排列，每个元素由不同项目组成，同时给定一个用户指定的最小支持度阈值，序列模式挖掘就是找出所有的频繁子序列，即该子序列在序列集中的出现频率不低于用户指定的最小支持度阈值。

赵养清等提出了乒乓球比赛技战术分析序列模式挖掘的基本思路，即将技战术数据库转换为记录运动员击球序列的数据库，再利用大项集搜索算法计算大项集，作为一阶大序列，然后依次搜索所有阶的大序列，最后从大序列中删除子序列，最终得到序列模式。

（3）粗糙集理论。

粗糙集理论由波兰数学家于 1982 年提出，是一种分析数据的数学理论，其主要思想为：保持分类能力不变，给出已有问题的近似描述，从而简化研究对象的复杂程度。其最大优势在于无须提供分析问题之外的任何先验信息，因而对问题的近似描述更为客观。

王杰等运用粗糙集理论，通过改进算法构建乒乓球比赛技术决策表，计算各诊断指标的得分率和使用率的属性重要性，通过对各项指标权重的计算，对各项技术的重要性做了区分，并据此对国内外优秀乒乓球运动员的技术特征进行了分析。

除上述数据挖掘方法外，人工鱼群算法、蚁群算法、聚类分析也在乒乓球技战术的研究领域得到应用。

孟宪明等利用改进的人工鱼群算法和改进的蚁群算法，结合乒乓球技战术特点，分别建立了乒乓球技战术分类规则挖掘模型,分析结果表明,两类模型与乒乓球技战术关联规则数据挖掘相比,在挖掘质量和挖掘效果上有较大的优势。

高洪歌介绍了聚类分析的定义及聚类中常用的 K-Means 动态聚类算法,并详细介绍了聚类分析在乒乓球比赛技战术分析中的应用方法及实现过程。

3. 高级比赛模拟

高级比赛模拟,也可称为比赛建模分析。通过采集某个或某些运动员的大量比赛技战术数据形成数据库,并建立相应的比赛技战术模型,从而依据模型模拟出运动员的比赛情况,在改变某项技战术指标时预测比赛的获胜概率,或者依此探寻影响比赛获胜的重要技战术指标。高级比赛模拟在乒乓球领域内的应用主要体现为马尔可夫链模型、人工神经网络模型和系统动力学模型三种。

(1) 马尔可夫链模型。

马尔可夫链在数学领域中具有马尔可夫性质的离散时间随机过程。该过程中,在给定当前知识或信息的情况下,过去(现在时期以前的历史状态)与预测将来(现在时期以后的未来状态)是无关的。如果有 n 个连续变动事物,在变动过程中,其中任何一次变动的结果都具有无后效性,那么这 n 个连续变动事物的集合就叫作马尔可夫链,这类事物演变的过程称为马尔可夫过程。

张辉等基于马尔可夫链的数学模型,对高水平乒乓球比赛的战术行为、击球位置、击球方向和击球技术进行模拟诊断,通过对比赛获胜概率的计算进一步确定各种比赛状态的竞技效率值,研究得出了各种比赛状态(技术或战术)对整场比赛获胜概率的影响效果,掌握了高水平乒乓球运动员技战术的一系列特征。

(2) 人工神经网络模型。

在对人脑神经网络的形成有了基本认识的基础上,以数学和物理方法及信息处理的角度对人脑神经网络进行抽象,并建立某种简化模型,称为人工神经网络(Artificial Neural Network)。人工神经网络远不是人脑生物神经网络的真实写照,而只是对它的简化、抽象与模拟,它具有自适应性、自组织性和很强的学习能力。

2008 年,肖毅等以世界优秀男子乒乓球运动员的比赛数据为训练样本,采用 3 层 BP 神经网络,建立了男子乒乓球运动员比赛获胜的诊断模型,模型诊断精确度高达 99.84%。同时他们运用该模型计算了影响乒乓球比赛获胜的主要技战术指标的权重值,为有针对性地指导运动员训练提供了科学参考。

(3) 系统动力学模型。

系统动力学(System Dynamics)是系统科学理论与计算机仿真相结合,研究系统反馈结果与行为的一门科学,是系统科学的一个分支。它强调以系统、整体的观点和联系、发展、运动的观点处理问题,在解决非线性、高阶次、复杂多变的大系统问题中有独特的优势。

虞丽娟等运用系统动力学原理,在对乒乓球比赛各大制胜因素(技术因素、战术因素、身体机能因素、心理因素和环境因素）与比赛结果的因果关系进行深入分析的基础上，建立了乒乓球技战术实力评估与预测的初步理论模型，构建了乒乓球比赛技战术的主要实力因素的因果关系图。

4. 其他理论分析

除上述的常规比赛分析、高级比赛分析及高级比赛模拟技战术分析理论外，还有其他一些理论从不同的角度对乒乓球技战术进行了分析，如博弈论。博弈论创立于1944年，是适用于研究行为互动局势的一种通用的分析方法。"体育博弈论"是关于体育竞争的理论体系，是研究体育竞争中如何战胜对手、提高胜算、获取优胜的理论。

2013年，刘文明撰文阐述乒乓球战术行为博弈理论的概念、要素、类属，构建了乒乓球战术行为博弈分析的理论体系和乒乓球战术行为博弈分析模型，探讨了在乒乓球比赛中纳什均衡的存在形式，使得对运动员战术行为的预测成为可能。

5. 小结

迄今为止，乒乓球技战术分析理论主要有常规比赛分析、高级比赛分析、高级比赛模拟三大类。

常规比赛分析的特点是：比赛分析的原理简单，对统计学知识要求低，应用范围广，科研人员、教练员、运动员都可以运用，而且易于操作，能及时得到数据反馈结果，是乒乓球技战术分析的基础方法。它的不足之处在于：只能对比赛中的某些指标进行描述性的分析，往往反映的是技战术的表层信息，难以探寻到比赛中各种技战术之间或技战术与比赛结果之间的深层次规律。

高级比赛分析和高级比赛模拟可以运用数学理论方法或模型对乒乓球比赛技战术与比赛结果之间的深层规律进行发掘，找出对比赛获胜概率影响最大的技战术指标，是乒乓球技战术研究的发展方向，但由于这两类方法的原理及计算过程复杂，研究者在掌握专项制胜规律的同时还须具备较深的数学统计功底，普及范围有限。同时由于其输出结果较为抽象，在乒乓球训练过程中的实际运用效果尚未得到完全论证。

（三）多媒体技战术分析

随着计算机技术，特别是多媒体、数据库、网络技术的发展及其在其他领域的应用，传统的比赛分析的呈现方式表现出许多不足。张辉和李晓东在国家乒乓球队备战2004年雅典奥运会封闭集训期间，首次在主要对手的技战术分析中运用了多媒体技术，并获得了良好的效果，深受国家乒乓球队的教练员与运动员的欢迎，目前该研究已经推广到国家羽毛球队、国家击剑队等。

与传统的比赛录像观察和统计分析相比，多媒体技战术分析主要有两个特点：一是技战术视频数据所包含的信息量要远大于文字统计数据，以视频、动画和图表等表现出来的对手的技战术特点清楚有序、生动形象，它能帮助教练员和运动员更加细致地观察、分析对手的技战术优缺点,从而提高备战训练的针对性与科学性;二是多媒体技术分析资料便于教练员和运动员在大赛前和大赛中随时随地、快速方便地对将要遇到的对手进行分析与研究。

四、乒乓球技战术研究的发展方向

随着计算机技术的发展,乒乓球技战术分析正在向三个研究方向迅速推进。

首先是技战术统计分析结果的可视化。例如,计算机多媒体技术,尤其是各种视频分析系统在技战术特征分析中的应用,加深了运动员和教练员对技战术特征的理解。

其次是现代科学计算方法在技战术诊断与分析的研究领域的渗透,如计算机模拟竞技诊断、人工神经网络技术的技战术模型、数据挖掘技术等。

最后,随着研究工作的深入,人们认识到影响体育制胜的因素是多方面的。除了最主要的技战术因素外,运动员的比赛心理、身体机能、比赛环境等因素对比赛的结果也会产生综合影响。因此,系统集成研究被应用于技战术评估与预测中,如乒乓球技战术系统动力学与决策支持系统的研究等。

第三节　乒乓球技战术科研论文案例

案例一

乒乓球比赛技战术"四段指标评估法"的构建与应用[①]

摘　要:在经典"三段指标评估法"的理论基础上,根据近10年乒乓球比赛技战术分析的研究成果,梳理并构建了乒乓球比赛技战术"四段指标评估法"的理论框架,并通过对57场男子单打和50场女子单打比赛的统计分析,制定了男单和女单比赛的评估标准,使得评估结果更加符合训练和比赛需要,进一步揭示了乒乓球比赛的客观规律,完善了乒乓球比赛技战术统计与分析体系。此评估方法中将运动员的第五拍得分归为相持段、第五拍失分归为发抢段的统计方法,能够较好地解决传统三段指标评估法中双方运动员各段数据统计不对应的问题。

本文通过两个实例分析表明:(1)张继科在发抢段和接抢段的技术出色,抢

---

① 杨青,张辉. 乒乓球比赛技战术"四段指标评估法"的构建与应用[J]. 天津体育学院学报,2014,29(5).

攻积极，优势稳定；相持Ⅰ段的得分优势最为突出，但要注意合理分布发抢与发抢后相持的比例分配问题；相对于其他击球段来说，相持Ⅱ段不太稳定，需要加强接发球抢攻后的相持衔接和攻防转换的能力。（2）李晓霞实力较为均衡，整体实力较强；发抢和接抢意识积极，优势较为明显，但仍须注意提高发抢的质量；相持Ⅰ段实力雄厚，得分优势最大，即使在发抢优势受限的情况下，也能凭借相持Ⅰ段的得分优势保证发球轮中的得分率；相持Ⅱ段的发挥也较为稳定，优势明显。

关键词：乒乓球；技战术；四段指标评估法

乒乓球被誉为"国球"，是我国优势运动项目之一，技术和战术是乒乓球运动员竞技能力的主导因素，围绕技战术能力进行的科研工作一直是提高乒乓球项目科学化训练水平的重中之重。众多乒坛人士对乒乓球的技战术进行了大量的分析研究，其中最为经典的当属吴焕群等人于1989年提出的三段指标评估法。该理论自提出后被广大乒乓球研究人员广泛应用，实践证明，三段指标评估法具有可行性与有效性。

自2000年以来，国际乒联对乒乓球规则进行了4次修改，随着规则的改革、器材的改进及乒乓球技术的不断发展，许多体育科研人士也对乒乓球技战术分析理论进行了一系列的研究。李今亮在1998年提出了"十项指标评估法"；李强在三段指标评估法的基础上，于2011年提出了"贡献率"和"技战术快速诊断"的新概念；2013年，张辉根据得分率和使用率之间的关系，运用二次函数构建了一个技术效益计算公式，以便能够更加精确地反映各项技术（或段）在比赛中的使用效益；2014年，吴飞提出了解决经典三段指标评估法中比赛双方技术统计数据不对应问题的方法；2014年，张辉为更好地解决比赛双方运动员技术统计数据不对应的问题，提出将比赛中运动员的第五拍得分归为相持段、第五拍失分归为发抢段，同时提出了"实力差"与"技术效益"两个概念，并详细论述了三段指标评估法横向与纵向扩展应用的具体计算方法。

纵观以上研究，科研人员有的提出了更为细致的评估指标，有的已初步形成了比赛双方对比分析的概念，有的提出了解决经典三段指标评估法比赛双方技术统计数据不对应问题的方法，有的引入新概念对三段指标评估法进行了拓展研究。本文在吸收以上研究成果的基础上，构建了一套系统的乒乓球比赛技战术的"四段指标评估法"模型，以期进一步完善乒乓球比赛技战术统计分析的理论体系。

1 四段指标评估体系的建立

1.1 四段指标评估法模型构建

根据乒乓球比赛规则及技战术的逻辑关系，构建了四段指标评估法理论模型，将一场比赛以发球轮与接发球轮为单位，分为发球抢攻段（发抢段）、发球轮相持段（相持Ⅰ段）、接发球抢攻段（接抢段）和接发球轮相持段（相持Ⅱ段）4个击球段,将 4 段的得分率、使用率作为评估运动员在比赛中技战术发挥的指标。为解决经典三段指标评估法中比赛双方运动员技术数据统计不对应的问题,本文继承张辉等人提出的关于第五拍归属的思想,将第五拍失分归为发抢段,将第五拍得分归为相持Ⅰ段,以此构建模型。

与传统的三段指标评估法相比,四段指标评估法具有下列特点:

(1) 解决了三段指标评估法中,比赛双方运动员各段统计数据(使用率)不相对应的情况。在四段指标评估法中,将第五拍失分归入发抢段,使得比赛双方运动员的各段使用率一一对应,即运动员 A 的发抢段对应运动员 B 的接抢段,运动员 A 的接抢段对应运动员 B 的发抢段,运动员 A 的相持段对应运动员 B 的相持段(运动员 A 的相持Ⅰ段对应运动员 B 的相持Ⅱ段,运动员 A 的相持Ⅱ段对应运动员 B 的相持Ⅰ段),有利于对比赛双方的技战术数据进行对比分析。

(2) 在四段指标评估法中,将相持段区分为相持Ⅰ段和相持Ⅱ段,能够更加明确地反映运动员相持优势或劣势所属的击球轮次,有利于教练员和运动员对不同的相持情况进行区别分析。同时,还有利于反映发抢段与相持Ⅰ段之间、接抢段与相持Ⅱ段之间的动态变化关系,便于在临场比赛中及时调整得分点的分布,有利于训练效果的定量分析及比赛的临场指导。

(3) 根据已有的四段指标的数据,可以推算出传统的三段指标评估法的各个指标信息,有利于进行多方位的技战术分析。

1.2 四段指标评估法得分率与使用率计算

为了能够更好地用公式来描述四段指标评估法得分率和使用率指标的计算,本文以每个回合中一方运动员最后一拍的得分或失分作为观察点来统计,各段采用的得失分的代码如表 1 所示。

表 1 乒乓球比赛技战术得失分代码

轮次	击球	得分观察点及代码	失分观察点及代码	合计代码
发球轮	发球	对方接发球失误(A^+)	本方发球失误(A^-)	A
	第三拍	对方第四拍失误(B^+)	本方第三拍失误(B^-)	B
	第五拍	对方第六拍失误(C^+)	本方第五拍失误(C^-)	C
	相持Ⅰ	对方第八拍及以后失误(D^+)	本方第七拍及以后失误(D^-)	D
接发球轮	接发球	对方第三拍失误(X^+)	本方接发球失误(X^-)	X
	第四拍	对方第五拍失误(Y^+)	本方第四拍失误(Y^-)	Y
	相持Ⅱ	对方第七拍及以后失误(Z^+)	本方第六拍及以后失误(Z^-)	Z

为叙述方便,设 I 为比赛总得分与总失分之和,即 $I=A+B+C+D+X+Y+Z$(以下相同),则各段得分率和使用率指标计算如下:

$$发抢段得分率 = \frac{A^+ + B^+}{A + B + C^-} \times 100\% \quad (1)$$

$$发抢段使用率 = \frac{A + B + C^-}{A + B + C + D} \times 100\% \quad (2)$$

$$接抢段得分率 = \frac{X^+ + Y^+}{X + Y} \times 100\% \quad (3)$$

$$接抢段使用率 = \frac{X + Y}{X + Y + Z} \times 100\% \quad (4)$$

$$相持Ⅰ段得分率 = \frac{C^+ + D^+}{C^+ + D} \times 100\% \quad (5)$$

$$相持Ⅰ段使用率 = \frac{C^+ + D}{A + B + C + D} \times 100\% \quad (6)$$

$$相持Ⅱ段得分率 = \frac{Z^+}{Z} \times 100\% \quad (7)$$

$$相持Ⅱ段使用率 = \frac{Z}{X + Y + Z} \times 100\% \quad (8)$$

1.3 四段指标评估法模型结构分析

通过对57场男单和50场女单比赛的统计分析，得出了单打比赛四段的得分率和使用率统计情况（表2）。

表2 单打比赛四段得分率和使用率统计表

		发抢段	接抢段	相持Ⅰ段	相持Ⅱ段	总计
男单	使用率/%	32.44	33.00	17.72	16.84	100
	得分率/%	47.81	50.32	59.41	37.73	48.79
女单	使用率/%	28.15	28.47	21.90	21.47	100
	得分率/%	50.20	47.01	57.99	40.74	48.97

注：得分率为段得分占段得失总分的百分比，使用率为段得失总分占整场比赛得失总分的百分比。

由表2可知，在使用率方面，男子单打的发抢段（32.44%）、接抢段（33.00%）、相持段（相持Ⅰ段为17.72%和相持Ⅱ段为16.84%）的比例都接近1/3，其中相持Ⅰ段和相持Ⅱ段所占的比例也几乎相当；女子单打的发抢段（28.15%）、接抢段（28.47%）、相持段（相持Ⅰ段为21.90和相持Ⅱ段为21.47）的比例约为1∶1∶1.5，而相持Ⅰ段和相持Ⅱ段所占的比例也几乎相当。因此，从各段的使用率来看，将男子单打分为"四段"来进行统计与分析是可行的，将女子单打分为"四段"也是符合女子比赛特点的。

在得分率方面，不管是男子单打还是女子单打，发抢段的得分率明显偏低（与传统"三段指标评估法"相比较），其原因是在四段指标评估模型中将第五拍失分归入了发抢段。本文认为，只要对运动员的技术统计方法保持一致，采用相同的评估标准，并不影响对运动员横向和纵向实力的分析，人们依旧能够发现运动员在发抢段存在的问题，明确其优劣势。

2 四段指标评估标准的制定

2.1 比赛观察资料

选取了男子世界排名前 20 位和女子世界排名前 21 位（以 2014 年 3 月国际乒联公布的世界排名为准）的进攻型打法运动员的单打比赛共 107 场，包括男子运动员 19 名共 57 场，女子运动员 16 名共 50 场。其中 8 名中国男子运动员比赛 24 场，6 名中国女子运动员比赛 20 场，其余为其他国家（新加坡、日本、韩国、奥地利、荷兰、西班牙、白俄罗斯、葡萄牙）和地区（中国台北、中国香港）运动员的比赛。

2.2 得分率评估标准

在统计学理论基础上，结合以往研究成果和实践经验，将得分率指标划分为优秀、良好、及格和不及格 4 个等级，对应理论百分比分别为 20%、30%、30%、20%，制定了以下男单和女单比赛得分率评估标准（表 3）。

表 3 男单、女单比赛得分率评估标准

		优秀	良好	及格	不及格
男子单打	发抢得分率/%	≥54.32	[46.43, 54.32)	[36.95, 46.43)	<36.95
	接抢得分率/%	≥58.33	[50.00, 58.33)	[42.04, 50.00)	<42.04
	相持Ⅰ得分率/%	≥72.19	[56.25, 72.19)	[43.39, 56.25)	<43.39
	相持Ⅱ得分率/%	≥51.05	[37.50, 51.05)	[23.08, 37.05)	<23.08
女子单打	发抢得分率/%	≥64.77	[50.00, 64.77)	[34.70, 50.00)	<34.70
	接抢得分率/%	≥60.42	[43.94, 60.42)	[37.21, 43.94)	<37.21
	相持Ⅰ得分率/%	≥70.16	[56.57, 70.16)	[50.00, 56.57)	<50.00
	相持Ⅱ得分率/%	≥55.56	[40.46, 55.56)	[22.48, 40.46)	<22.48
理论百分比/%		20	30	30	20

2.3 使用率评估标准

将使用率指标划分为高、中、低三个等级，对应理论百分比分别为 25%、50%、25%，中等级即表示该指标的使用率处于正常范围，制定了以下男单和女单比赛使用率评估标准（表 4）。

表 4　男单、女单比赛使用率评估标准

		高	中	低
男子单打	发抢使用率/%	≥72.22	[57.07, 72.22)	<57.07
	接抢使用率/%	≥73.86	[57.02, 73.86)	<57.02
	相持Ⅰ使用率/%	≥42.93	[27.78, 42.93)	<27.78
	相持Ⅱ使用率/%	≥42.98	[26.14, 42.98)	<26.14
女子单打	发抢使用率/%	≥63.47	[48.57, 63.47)	<48.57
	接抢使用率/%	≥51.72	[41.39, 51.72)	<41.39
	相持Ⅰ使用率/%	≥51.43	[36.53, 51.43)	<36.53
	相持Ⅱ使用率/%	≥52.14	[35.29, 52.14)	<35.29
理论百分比/%		25	50	25

3　四段指标评估法应用实例

中国乒乓球运动员张继科和李晓霞分别为 2012 年伦敦奥运会乒乓球男、女单打冠军和团体冠军，2013 年巴黎世乒赛的男、女单打冠军。现以张继科和李晓霞为例，随机选取每人 2012—2014 年间的 5 场比赛数据进行四段指标评估，如表 5、表 6 所示。

表 5　张继科 5 场比赛四段指标评估表

对手	发抢段				接抢段				相持Ⅰ段				相持Ⅱ段				比分
	得分率/%	评估	使用率/%	评估	得分率/%	评估	使用率/%	评估	得分率/%	评估	使用率/%	评估	得分率/%	评估	使用率/%	评估	
许昕	68.18	优秀	59.46	中	61.90	优秀	56.76	低	66.67	良好	40.54	中	43.75	良好	43.24	高	4:0
马龙	41.31	及格	74.19	高	50.00	良好	76.92	高	81.25	优秀	25.81	低	33.33	及格	23.08	低	3:4
王皓	53.66	良好	71.93	中	53.85	良好	69.64	中	62.50	良好	28.07	中	58.82	优秀	30.36	中	4:1
波尔	43.33	及格	78.95	高	48.28	及格	76.32	高	75.00	优秀	21.05	低	22.22	不及格	23.68	低	1:3
鲍姆	64.52	优秀	72.09	中	57.69	良好	60.47	中	83.33	优秀	27.91	低	52.94	优秀	39.53	中	4:1
$\bar{X}$	52.35	良好	71.73	中	53.33	良好	69.04	中	73.13	优秀	28.27	中	44.59	良好	30.96	中	

表5是张继科5场比赛的四段指标评估表。从5场比赛的平均数来看,张继科相持Ⅰ段的得分率为71.13%,评估为优秀,其他三个击球段评估为良好,说明张继科的得分优势在相持Ⅰ段尤为突出,其他击球段实力较为均衡。具体分析如下:

(1) 发抢段的得分率评估为两个"优秀"、一个"良好"和两个"及格",使用率评估为两个"高"和三个"中",说明张继科在发抢段具有一定的优势,且发挥较为稳定,抢攻积极。

(2) 接抢段的得分率评估为一个"优秀"、三个"良好"和一个"及格",使用率评估为两个"高"、两个"中"和一个"低",说明张继科在接抢段的技术也比较出色,接发球的主动意识和质量都比较好。

(3) 相持Ⅰ段的得分率评估为三个"优秀"和两个"良好",这是张继科具有绝对得分优势的一个段;使用率评估为三个"中"、两个"低",且这两个使用率为"低"的比赛都是负场(对手为马龙、波尔)。在输的这两场球中,张继科相持Ⅰ段的得分率评估均为"优秀",得分优势存在,但使用率太低,评估均为"低",而与之相对应的发抢段得分率评估均为"及格",但使用率均为"高",说明张继科在发球抢攻不能奏效的情况下,没能采取稳健的策略,将球过渡到有得分优势的相持段。发抢与发抢后相持段的比例分布不合理,致使得分能力最强的相持Ⅰ段的优势没有得到体现,这是导致这两场比赛失利的重要原因。

(4) 相持Ⅱ段的得分率评估为两个"优秀"、一个"良好"、一个"及格"和一个"不及格",使用率评估为一个"高"、两个"中"和两个"低",说明张继科在相持Ⅱ段得分能力也较强,但发挥不稳定,相对其他段来说,这是较为弱势的一个段。在输掉的两场比赛中,相持Ⅱ段的得分率也最低,一个为"及格",一个为"不及格"。张继科需要提升接发球抢攻后的相持衔接和攻防转换的能力,提高接发球轮中的相持水平。

表6 李晓霞5场比赛四段指标评估表

对手	发抢段					接抢段					相持Ⅰ段					相持Ⅱ段					比分
	得分率/%	评估	使用率/%	评估		得分率/%	评估	使用率/%	评估		得分率/%	评估	使用率/%	评估		得分率/%	评估	使用率/%	评估		
丁宁	56.00	良好	51.02	中		63.64	优秀	46.81	中		58.33	良好	48.98	中		52.00	良好	53.19	高		4:1
王越古	48.28	及格	70.73	高		54.84	良好	75.61	高		75.00	优秀	29.27	低		50.00	良好	24.39	低		3:1

续表

对手	发抢段				接抢段				相持Ⅰ段				相持Ⅱ段				比分
	得分率/%	评估	使用率/%	评估	得分率/%	评估	使用率/%	评估	得分率/%	评估	使用率/%	评估	得分率/%	评估	使用率/%	评估	
刘诗雯	37.04	及格	48.21	低	58.62	良好	49.15	中	62.07	良好	51.79	高	40.00	及格	50.85	中	4∶2
石川佳纯	75.00	优秀	53.33	中	39.13	及格	51.11	中	80.95	优秀	46.67	中	50.00	良好	48.89	中	4∶1
陈梦	61.29	良好	50.82	中	50.00	良好	55.74	高	56.67	良好	49.18	中	40.74	及格	44.26	中	4∶3
$\bar{X}$	55.15	良好	53.97	中	53.57	良好	55.34	高	64.66	良好	46.03	中	45.13	良好	44.66	中	

表6是李晓霞5场比赛的四段指标评估表。从5场比赛的平均数来看，李晓霞在四个段的评估均为良好，说明李晓霞在各个击球段的实力较为均衡，整体实力较强。具体分析如下：

（1）发抢段的得分率评估为一个"优秀"、两个"良好"和两个"及格"，使用率评估为一个"高"、三个"中"和一个"低"，可以说明李晓霞的抢攻意识还是比较积极的，但要注意提高抢攻的质量，在5场比赛所有击球段的得分率评估中共有四个"及格"，而在发抢段就占了两个。

（2）接抢段的得分率评估为一个"优秀"、三个"良好"和一个"及格"，使用率评估为两个"高"和三个"中"，说明李晓霞在接抢段中主动意识较强，且质量也较高，优势较为明显。

（3）相持Ⅰ段的得分率评估为两个"优秀"和三个"良好"，说明李晓霞在发球轮的相持段有雄厚的实力，得分优势最大。在对王越古和刘诗雯的两场比赛中，即使发抢段的得分率均为"及格"的水平，也能凭借相持Ⅰ段的得分优势保证发球轮中的得分，这对夺得比赛胜利具有重要意义。

（4）相持Ⅱ段的得分率评估为四个"良好"和一个"及格"，使用率评估为一个"高"、三个"中"和一个"低"，可以说明李晓霞在相持Ⅱ段的优势也较为明显，发挥也较为稳定。

4 结论

（1）本文将比赛中运动员的第五拍得分归为相持段、第五拍失分归为发球抢攻段的统计方法，能够较好地解决传统三段指标评估法中双方运动员各段数据统计不对应的问题。

（2）乒乓球比赛技战术四段指标评估法理论框架的提出及其评估标准的制定，能够更加精确地反映运动员的技战术特征，有利于提高优秀乒乓球运动员的科学化训练水平，进一步丰富了乒乓球比赛分析的理论体系。

（3）实例分析表明，张继科在发抢段和接抢段技术出色，抢攻积极，优势稳定；相持Ⅰ段的得分优势最为突出，要注意合理分布发抢与发抢后相持的比例分配问题；相对于其他击球段来说，相持Ⅱ段不太稳定，需要提升接发球抢攻后的相持衔接和攻防转换的能力。李晓霞实力较为均衡，整体实力较强，发抢和接抢意识积极，优势较为明显，但仍须注意提高发抢的质量；相持Ⅰ段实力雄厚，得分优势最大，即使在发抢优势受限的情况下，也能凭借相持Ⅰ段的得分优势保证发球轮中的得分率；相持Ⅱ段的发挥也较为稳定，优势明显。

（全文有删节）

案例二

优秀乒乓球运动员战术因素关系特征研究[①]

摘　要：以世界优秀乒乓球进攻型打法运动员的57场男单和50场女单比赛为研究对象，运用比赛观察法获得数据，采用多元回归结合通径分析的方法对优秀男女乒乓球运动员战术因素进行了分析，总结出了乒乓球运动员战术因素的关系特征：(1) 乒乓球运动员战术因素的重要程度男女有别。发抢能力对男女运动员来说都是第一重要战术因素，接抢能力是第二重要因素。男子运动员的发球轮相持能力和接抢能力并列为第二重要因素，其重要性高于接发球轮相持能力，女子运动员接发球轮相持能力则是第三重要因素，其重要性高于发球轮相持能力。(2) 乒乓球运动员战术因素间存在交互效应，这种交互效应男女有异，各段有别，女单的交互效应高于男单，主要体现在接抢、相持Ⅰ和相持Ⅱ三个击球段上，在科研和训练中应予以重视。

关键词：乒乓球；战术因素；多元回归；通径分析

乒乓球运动的技术复杂多样，战术灵活多变，运动员在比赛中需要运用已掌握的多种技战术与对手相互博弈，决出比赛的胜负。任何运动项目运动员竞技能力的高低，都是由运动员的心、技、战、体、智五个方面决定的，而技战术能力则是乒乓球运动员竞技能力的主导因素。1989年，吴焕群等提出"三段指标评估法"，将

[①] 杨青，张辉. 优秀乒乓球运动员战术因素关系特征研究 [J]. 南京体育学院学报（社会科学版），2016，30（1）.

乒乓球运动员的总体能力分解为发抢能力、接抢能力和相持能力三大战术因素，这一经典的划分使得运动员的总体能力在横向和纵向的比较成为可能。2014年，杨青、张辉在乒乓球规则多次变化后又提出了"四段指标评估法"，将相持段分为发球轮相持和接发球轮相持并分别进行评价分析，按照此方法，乒乓球运动员的战术因素便体现为发抢能力、接抢能力、发球轮相持能力和接发球轮相持能力。

那么这四段战术因素到底孰轻孰重？两个相持段又有何不同？多年来我国的乒乓球运动训练一直强调前三板的重要性，但其重要程度到底有多少？在比赛规则几经修改后，前三板是否仍然那么重要？男女运动员战术因素的重要程度是否有区别？目前，对此类问题的解答仍旧依赖教练员的经验判断，国内引用相关的理论方法对运动员技战术能力进行应用分析的文献较多，但针对乒乓球运动员战术因素的重要程度及其相互之间的关系特征进行定量分析的文献却未曾见到，本文拟采用多元回归和通径分析的方法解决以上问题。

1 研究对象与方法

1.1 研究对象

选取2012—2014年男子世界排名前20位和女子世界排名前21位（以2014年3月国际乒联公布的世界排名为准）的进攻型打法运动员的单打比赛共107场，包括男子运动员19名共57场，女子运动员16名共50场。其中8名中国男子运动员比赛24场，6名中国女子运动员比赛20场，其余为其他国家（新加坡、日本、韩国、奥地利、荷兰、西班牙、白俄罗斯、葡萄牙）和地区（中国台北、中国香港）运动员的比赛。

1.2 研究方法

1.2.1 比赛观察

从国际乒联官方网站和CCTV5官方网站下载观看比赛视频，根据乒乓球比赛四段指标评估模型的需要，以每个回合中一方运动员最后一拍的得分和失分为观察点，利用Excel进行原始统计记录。

1.2.2 指标及其计算方法

"得分率"是体现乒乓球战术因素能力的最优指标，根据四段指标评估法，设定$X1$"发抢得分率"、$X2$"接抢得分率"、$X3$"发球轮相持得分率"（相持Ⅰ得分率）、$X4$"接发球轮相持得分率"（相持Ⅱ得分率）作为战术因素的四项指标。比赛胜负以"获胜概率"Y作为指标。利用Excel对每场比赛的四段得分率和获胜概率进行计算，经Kappa检验，原始数据的Kappa值区间为[0.909, 1]，数据总体一致性良好。指标计算方法：得分率为段得分与该段得失总分的百分比，获胜概率为场得分与该场比赛得失总分的百分比。

1.2.3 多元回归分析和通径分析

采用多元回归分析和通径分析相结合的方法，将获得的全部数据导入SPSS和

DPS 统计软件进行分析。

2 结果

2.1 多元回归分析

回归分析是统计学中常用的统计方法，是一种分析变量间关系的定量技术，它侧重考查变量之间的数量变化规律，并通过回归方程的形式描述和反映这种关系。当多个自变量都对一个变量有影响时，可以通过回归分析找出各个自变量对因变量的重要程度。

2.1.1 多元回归模型的建立

将 $X1$（发抢得分率）、$X2$（接抢得分率）、$X3$（相持Ⅰ得分率）、$X4$（相持Ⅱ得分率）作为自变量，Y（获胜概率）作为因变量，分别导入 57 场男单比赛和 50 场女单比赛数据（表1），通过 SPSS 进行多元回归分析。

表 1　男单和女单比赛各指标均值及标准差一览表

指标	男单（$n=57$）	女单（$n=50$）
$X1$	0.471±0.120	0.499±0.159
$X2$	0.499±0.103	0.479±0.124
$X3$	0.584±0.175	0.564±0.169
$X4$	0.374±0.158	0.393±0.169
Y	0.486±0.09	0.486±0.113

表 2 所示为回归模型及方差分析结果，男单和女单比赛回归模型的复相关系数 R、决定系数 R^2 及调整系数 R^2 都在 0.97 以上，表示两个模型的拟合度都非常好。决定系数 R^2 表示因变量的变异中能够通过回归关系被自变量解释的比例，即男单比赛模型中四段得分率可解释获胜概率的 97.6%，女单比赛可解释 97.9%。Durbin-Waston 检验中，D 值分别为 1.552 和 1.642，表明两个模型的残差间相互独立。方差分析显示男单回归模型的 $F=524.670$，女单回归模型的 $F=528.958$，两个模型中均 $p<0.01$，表明由此建立的两个回归方程具有显著意义。

表 2　乒乓球单打比赛回归模型及方差分析结果

模型	R	R^2	调整 R^2	标准估计误差	Durbin-Watson	回归方程 F 值	回归方程 sig 值
男单比赛	0.988	0.976	0.974	0.145	1.552	524.670	0.000
女单比赛	0.990	0.979	0.977	0.170	1.642	528.958	0.000

表3显示了男单和女单比赛模型系数的检验结果,共线性诊断指标容忍度最小值为0.439,方程膨胀因子 VIF 值均小于3。方程各个自变量 t 检验的显著性水平值小于0.01,方程成立,得出男子和女子运动员比赛的回归模型分别为:

$$Y=0.006+0.319X_1+0.318X_2+0.188X_3+0.165X_4;$$

$$Y=0.001+0.317X_1+0.305X_2+0.186X_3+0.193X_4。$$

表3 模型系数检验结果

模型		非标准化系数		标准系数	t	sig	共线性统计量	
		B	标准误差	试用版			容差	VIF
男单比赛	常量	0.006	0.011		0.546	0.587		
	X1	0.319	0.019	0.425	17.022	0.000	0.745	1.342
	X2	0.318	0.021	0.365	14.898	0.000	0.775	1.291
	X3	0.188	0.013	0.367	14.870	0.000	0.765	1.308
	X4	0.165	0.013	0.289	12.492	0.000	0.870	1.150
女单比赛	常量	0.001	0.012		-0.082	0.935		
	X1	0.317	0.018	0.447	17.397	0.000	0.701	1.426
	X2	0.305	0.022	0.336	13.649	0.000	0.764	1.310
	X3	0.186	0.020	0.278	9.272	0.000	0.515	1.942
	X4	0.193	0.022	0.290	8.921	0.000	0.439	2.276

2.1.2 回归方程分析

多元回归中的偏回归系数,表示当其他自变量不变时,自变量对因变量的"净影响"程度,而标准回归系数则是消除了量纲的影响,可在同一模型中相互比较,用来判断自变量对因变量影响的强弱,标准回归系数越大,对因变量的影响作用就越大。故由表3可知,男子运动员各战术因素对比赛获胜概率的影响由大到小为:X_1 发抢得分率>X_3 相持Ⅰ得分率≈X_2 接抢得分率>X_4 相持Ⅱ得分率;女子运动员则为:X_1 发抢得分率>X_2 接抢得分率>X_4 相持Ⅱ得分率>X_3 相持Ⅰ得分率。

2.2 通径分析

2.2.1 通径分析的原理与方法

多元回归分析可以在研究中选择最有影响的因素,但它不能解释进入方程的哪些因素对因变量有直接作用、哪些对因变量有间接作用,以及因素之间的相互作用。通径分析则以多元线性回归分析为基础,通过对标准化回归系数的进一步分析、分解,揭示影响因变量的主要因素所产生的直接和间接效应,对各自变量的作用方式、途径进行科学合理的定量解释。

通径系数是介于回归系数与相关系数之间的统计量,在相关分析与回归分析的基础上，通径分析将相关系数分解为直接通径系数（某一自变量对因变量的直接作用）和间接通径系数（该自变量通过其他自变量对因变量的间接作用）。通径分析的理论证明，任一自变量与因变量之间的简单相关系数等于其直接通径系数与所有间接通径系数之和，即自变量对因变量的总作用，其中直接通径系数即为回归方程的标准回归系数。根据本研究中四段得分率和获胜概率之间的关系，可建立通径分析图（图1）。在通径分析图中，单向箭头表示自变量或潜在变量与因变量之间的因果关系，双向箭头表示两个自变量之间的相关关系，e 表示随机误差对因变量 Y 的直接影响。

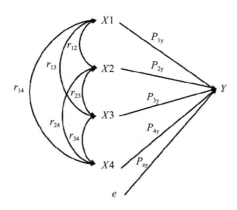

图1 乒乓球战术因素通径分析模型图

2.2.2 通径系数计算及分析

男单、女单比赛获胜概率经检验均符合正态分布，根据四个自变量与因变量之间的相关关系，分别计算男单和女单比赛的直接和间接通径系数，结果如表4、表5所示。

表4 男单比赛通径系数表

变量	总效应	直接效应	间接总效应	→$X1$	→$X2$	→$X3$	→$X4$	总决定系数
$X1$	0.730	0.425	0.305		0.161	0.127	0.017	0.311
$X2$	0.707	0.365	0.342	0.188		0.107	0.047	0.258
$X3$	0.719	0.367	0.352	0.147	0.106		0.099	0.264
$X4$	0.498	0.289	0.209	0.024	0.059	0.125		0.144

注：→$X1$ 表示自变量通过 $X1$ 的间接效应，其他类同。

表5 女单比赛通径系数表

变量	总效应	直接效应	间接总效应	→X1	→X2	→X3	→X4	总决定系数
X1	0.736	0.447	0.289		0.126	0.036	0.127	0.329
X2	0.714	0.336	0.378	0.168		0.097	0.113	0.240
X3	0.644	0.278	0.366	0.059	0.118		0.190	0.179
X4	0.799	0.290	0.510	0.196	0.131	0.183		0.231

通径系数表中的总效应即相关系数，为直接效应和间接总效应之和。由表4可知，在男单比赛中，总效应的排序和直接效应一致，均为X1>X3>X2>X4，说明间接效应在男单比赛中的影响不大。但应注意的是，除X1外，其他三个变量的间接总效应都接近于直接效应，其差值均不足0.1（分别为0.023、0.014和0.080），说明除发抢得分率X1外，另外三段的得分率易受其他击球段战术能力发挥的影响，从而间接影响比赛的获胜概率。其中，X2接抢得分率和X3相持Ⅰ得分率均与X1发抢得分率的间接效应最大（分别为0.188和0.147），说明发抢得分率的提高，会间接使接抢得分率和相持Ⅰ得分率对获胜概率产生积极的影响；同样X4相持Ⅱ得分率通过X3相持Ⅰ得分率的间接效应最大（0.125），说明相持Ⅰ得分率的变化也会积极影响相持Ⅱ得分率对获胜概率的效应。

女单比赛中（表5），直接效应的排序为X1>X2>X4>X3，而直接效应和总效应的排序并不一致，总效应排序第一的X4相持Ⅱ得分率的直接效应却是第三。查看通径系数表可知，这是X4相持Ⅱ得分率通过其他自变量产生了较大的间接效应所致。实际上，除X1发抢得分率外，X2接抢得分率、X3相持Ⅰ得分率和X4相持Ⅱ得分率均通过其他自变量产生了较大的间接效应，而且都超过了其直接效应。这说明女子运动员此三段的战术能力在对比赛获胜发挥作用的同时也受到了其他段战术能力的影响，从而对比赛的获胜产生了较大的间接效应。其中与男单比赛一样，X2接抢得分率通过发抢得分率的间接效应最大（0.168），发抢能力的提高有助于接抢能力对比赛获胜产生积极影响；X3相持Ⅰ得分率通过相持Ⅱ得分率的间接效应最大（0.190），而通过发抢得分率的间接效应最小（0.059），说明相持Ⅰ的间接效应主要是通过相持Ⅱ得分率产生的，发抢得分率对其影响很小；X4相持Ⅱ得分率与发抢得分率和相持Ⅰ得分率的间接效应最大，说明发抢得分率和相持Ⅰ得分率的提高会对相持Ⅱ得分率产生影响，对比赛获胜形成增进作用。女单比赛在X3、X4这两个相持能力指标上出现了和男单比赛截然不同的结果。

表4、表5中的总决定系数为自变量与因变量的相关系数与直接决定系数的乘积，该总决定系数表明了每个自变量X_i通过各种途径对Y的总决定度，表明了自变量能够解释因变量变异程度的百分比，这样就可以全面分析X_i和Y的关系。由此，

可得出各个战术因素对比赛获胜的贡献率（将总决定系数转换成百分比），可从整体上把握各个战术因素的重要程度，如图2、图3所示。

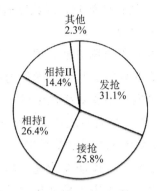 

图2　男单比赛各战术因素重要度　　　图3　女单比赛各战术因素重要度

图2、图3显示了男单和女单比赛技战术能力对比赛获胜的重要性，其中发抢能力在男单和女单中所占比例都是最高的（31.1%、32.9%），可见发抢能力对于男女运动员来说都是最重要的。对男子运动员来说，相持Ⅰ排第二位，接抢能力略低于相持Ⅰ（差值仅为0.6%），相持Ⅰ和接抢可并列为男子运动员的第二重要能力，第四则是相持Ⅱ。对女子运动员来说，接抢是第二重要能力，相持Ⅱ略低于接抢，排第三位，第四位是相持Ⅰ。此外，发抢和接抢两个段的贡献率之和在男女比赛中都占了56.9%，可见发抢和接抢能力对于男女运动员来说同等重要；两个相持段对于男女运动员来说重要性确有明显的不同，男单比赛中相持Ⅰ段的重要性高于相持Ⅱ，女单比赛却相反，相持Ⅱ段的重要性则高于相持Ⅰ段。从轮次上来看，男单比赛发球轮的贡献率为57.5%（发抢和相持Ⅰ贡献率之和），接发球轮的贡献率为40.2%（接抢和相持Ⅱ贡献率之和），女单比赛则分别为50.8%和47.1%，由此可见男子运动员在发球轮的优势要高于接发球轮，且优于女子运动员，女子运动员发球轮和接发球轮的贡献率则相差不大。

3　讨论

（1）发抢能力对于男女运动员来说都是最重要的战术因素，接抢为第二重要因素。发抢和接抢在比赛时序上占有先机，谁能在前几板球中把握先机，掌握主动，谁的胜率就大。在多次修改规则后的当今，男子运动员相持Ⅰ的重要程度已与接抢相同，女子运动员相持Ⅱ的重要程度也接近于接抢，两个相持段的重要程度对于男女运动员来说截然相反。相持Ⅰ和相持Ⅱ最大的区别在于相持Ⅰ中主动进入相持的机会多，相持Ⅱ中被动的情况多，这或许意味着当今技战术水平下，在男子运动员的相持中，主动进攻的因素依然起主要作用，即相持要"凶"、要"攻"；而女子运动员在相持中则要能抗得住，即要"稳"又要"韧"。

（2）由通径分析可知乒乓球各战术因素间均存在交互效应，只是男女有别：男单比赛四段得分率的直接效应都大于间接总效应，说明男子运动员各战术因素相对独立，比赛中不会因其他战术能力的发挥而影响比赛获胜概率；女单比赛除发抢段外，接抢段和两个相持段能力容易受其他战术能力发挥的影响，对获胜概率产生间接效应，女子运动员的战术因素间存在较强的交互效应。

（3）战术因素的交互效应各段有别：① 在发抢得分率方面，男女比赛中直接效应都最高，且均超过了其间接总效应，说明发抢能力受其他战术能力的影响最小。这主要是由于发球是一分球争夺的起点，是唯一不受对手限制的技术，运动员可按自己的主观意图发任意旋转、任意落点的球。高质量发球不但能直接得分，还能为第三拍的进攻创造机会，使得发抢能力受其他技战术的影响较小。② 男女比赛的接抢得分率均通过发抢得分率的间接效应最大，说明发抢能力越强，接抢能力对比赛获胜的积极效应就越大。③ 男单比赛相持Ⅰ得分率通过发抢得分率的间接效应最大，说明发抢能力越强，其带入相持Ⅰ的优势就越大，相持Ⅰ就越容易对获胜概率产生积极作用；而女单比赛中相持Ⅰ得分率通过相持Ⅱ得分率的间接效应最大，发抢得分率的间接效应最小，说明女单比赛中相持Ⅰ的技战术能力主要受相持Ⅱ的影响，发抢并未给随后的相持Ⅰ带来积极效应。④ 男单相持Ⅱ得分率通过相持Ⅰ得分率的间接效应最大，女单相持Ⅱ得分率通过发抢得分率的效应最大，其次才是相持Ⅰ得分率。

（4）对于乒乓球比赛战术因素间的交互效应，教练员在进行技战术诊断和训练安排时应予以重视。科研人员在技战术诊断与分析的过程中，不能仅仅根据战术水平与获胜概率的相关系数大小便直接决定相关战术的重要程度，而要考虑其相互之间的交互效应。教练员在制订训练计划，尤其在采取分而治之的训练方法，即分别提高某一项技战术水平，进而集中在比赛中运用以提高运动员整体竞技能力时，更要考虑交互效应的具体情况，片面地提高某一项技战术能力也许并不会对比赛获胜概率起到直接的积极作用，甚至造成"练偏""赛练脱节"等现象。

4 结论与建议

4.1 结论

根据以上研究，总结出优秀男女乒乓球运动员战术因素的关系特征如下：

（1）战术因素的重要程度男女有别。按重要程度高低排序，男单比赛为发抢（31.1%）、相持Ⅰ（26.4%）、接抢（25.8%）、相持Ⅱ（14.4%），女单比赛为发抢（32.9%）、接抢（24.0%）、相持Ⅱ（23.1%）、相持Ⅰ（17.9%）。

（2）战术因素间存在交互效应。这种交互效应男女有别，各段有异。女单比赛的交互效应高于男单，主要体现在接抢、相持Ⅰ和相持Ⅱ三个击球段上，在科研和训练中应予以重视。教练员在根据战术能力重要性制订训练计划的同时，也必须考虑到各部分能力的交互效应和整体协同作用。

4.2 建议

本研究是针对优秀男女运动员进行的总体分析，研究结果具有整体性和相对性，因此，针对不同运动员的打法类型、个性特征等个体差异，实践训练中应具体问题具体对待。此外，乒乓球技战术的主要能力和次要能力在一定条件下是可以相互转换的，比赛中对阵不同对手时应灵活运用，所谓以长打短，以长打长，以短打短，便是此道理。

（全文有删节）

复习思考题

1. 乒乓球技战术分析的作用是什么？
2. 下表是某乒乓球运动员与对手比赛的得失分情况，请用"四段指标评估法"展示各段使用率和得分率的计算过程及结果，并简要总结该运动员的技战术特征。（计算结果四舍五入，保留一位小数）

案例3阅读

	发球轮					接发球轮			
	发球	第三拍	第五拍	第五拍	相持Ⅰ	相持Ⅱ	接发球	第四拍
得分	6	10	—	8	9	5	10	6
失分	0	2	9	—	2	8	3	10

力挽狂澜的刘国正

刘国正6岁开始打球，1991年进入省队，1994年进入国家二队，1995年进入国家队。他右手横握球拍，两面反胶，弧圈球结合快攻打法，其技术特点是发球好，前三板技术比较突出，相持能力强，是一名实力型选手。刘国正的特点是心理素质好、敢打敢拼，经常能在大赛中超水平发挥。在2001年大阪世乒赛男团的半决赛，中国队对阵韩国队，当时的韩国队实力雄厚，来势汹汹，孔令辉连丢两盘，前四盘双方打成2∶2，决胜盘刘国正对阵金泽洙，当时场上的气氛极其紧张。

刘国正临危受命。第一局，刘国正输了；第二局，刘国正在19：20落后时，拯救两个赛点，以24：22扳回一局；决胜局，刘国正一直落后，当比分为15：19时，球迷都认为中国队要兵败大阪，有些媒体甚至已经将头版头条的新闻都草拟出来了，就等待那个震惊世界的消息发布了。关键时刻，刘国正彰显"国乒男儿有担当，危难时刻显英雄"的气概，顽强地将比分追至19：19。然后刘国正连续拯救五个赛点，令人不可思议地以25：23获胜，创造了乒坛有史以来的最大奇迹。

思想点睛

中国乒乓球队顽强拼搏的精神主要表现在赛场上勇于攻坚克难，敢于迎接挑战，始终保持坚韧不拔、不断奋进的激昂状态和超越自我的境界。这种精神是我国几代乒乓球运动员集体在实践中锤炼形成的特殊思想品质和精神力量。依靠"人生能有几回搏，此时不搏更待何时"的勇气和决心，中国乒乓球队在国际乒坛纵横驰骋50多年，同时这也激励着新中国几代体育人去勇敢超越，寻求突破，为了祖国的荣誉而不断奋斗！

参考文献

[1] 程序. 乒乓球理论与方法［M］. 武汉：中国地质大学出版社，2009.

[2] 姜涛. 乒乓球教育［M］. 长春：吉林大学出版社，2010.

[3] 苏丕仁. 现代乒乓球运动教学与训练［M］. 北京：人民体育出版社，2003.

[4] 王大中，蔡猛. 乒乓球文化（技术与传播）［M］. 北京：北京广播学院出版社，2004.

[5] 李荣芝，肖焕禹. 乒乓球在近代中国的传入及发展［J］. 成都体育学院学报，2012，38（5）：1-6.

[6] 刘建和. 乒乓球教学与训练［M］. 北京：人民体育出版社，2004.

[7] 唐建军. 乒乓球运动教程［M］. 北京：北京体育大学出版社，2005.

[8] 张辉，戴金彪，史芙英，等. 隔网对抗（持拍类）项目技战术特征［J］. 上海体院学院学报，2007，31（4）：65-69.

[9] 田麦久. 运动训练学［M］. 北京：人民体育出版社，2000.

[10] 苏丕仁. 乒乓球运动教程［M］. 北京：高等教育出版社，2004.

[11] 王瑞元，苏全生. 运动生理学［M］. 北京：人民体育出版社，2012.

[12] 陈启湖. 乒乓球实用教程［M］. 武汉：华中科技大学出版社，2006.

[13] 吴健，洪国梁. 乒乓球［M］. 重庆：重庆大学出版社，2016.

[14] 李荣芝，顾楠. 乒乓球运动的历史与文化［M］. 上海：同济大学出版社，2016.

[15] 施之皓. 现代乒乓球运动教程：基本理论与技战术［M］. 北京：高等教育出版社，2018.

[16] 彭博. 乒乓球运动价值理论新探与学训指导［M］. 长春：吉林大学出版社，2019.

[17] 骆寅. 现代乒乓球运动理论与实践的再剖析［M］. 北京：中国原子能出版社，2017.

[18] 中国乒乓球协会. 乒乓球竞赛规则（2016）［M］. 北京：人民体育出版社，2017.

［19］杜力平．乒乓球裁判工作指南［M］．2版．成都：西南交通大学出版社，2014．

［20］许丽娟，王家忠．中国乒乓球运动发展史［M］．芜湖：安徽师范大学出版社，2020．

［21］乒乓球运动教程编写组．乒乓球运动教程［M］．北京：北京体育大学出版社，2019．

［22］国家体育总局《乒乓长盛考》研究课题组．乒乓长盛的训练学探索［M］．北京：北京体育大学出版社，2002．

［23］吴焕群，张晓篷．中国乒乓球竞技制胜规律的科学研究与创新实践［M］．北京：人民体育出版社，2009．

［24］马丽．乒乓球运动的多维度研究与技巧探索［M］．北京：中国纺织出版社，2015．

［25］虞荣安．新编乒乓球教程［M］．西安：西北工业大学出版社，2011．

［26］肖树新．乒乓球［M］．北京：北京师范大学出版社，2010．

［27］张红玲．乒乓球教学与训练［M］．北京：中国书籍出版社，2017．

［28］宛祝平．乒乓球［M］．长春：吉林科学技术出版社，2010．

［29］李荣芝．中国乒乓球发展史研究［M］．北京：中国书籍出版社，2020．

［30］杨青．乒乓球技战术三维评估模型的构建与应用［D］．上海体育学院，2016．

［31］国家体育总局．中国体育教练员岗位培训教材 乒乓球［M］．北京：人民体育出版社，2005．

［32］蔡继玲．乒乓球裁判必读［M］．北京：北京体育大学出版社，1998．

［33］张辉．乒乓球训练教程［M］．北京：高等教育出版社，2021．

［34］黄汉升．体育科学研究方法［M］．北京：高等教育出版社，2015．

［35］钟飞，李荣芝．中国乒乓球运动研究进展及热点评析：以10种体育类核心期刊为分析样本［J］．体育科研，2017，38（1）：31-37，67．

［36］顾若辰，李荣芝，余锦程．基于CiteSpace的近30年来国内外乒乓球运动研究进展及可视化分析［J］．体育科技文献通报，2020，28（12）：1-3，31．

［37］田麦久，刘大庆．运动训练学［M］．北京：人民体育出版社，2012．

［38］张晓篷．中国乒乓球队战术训练水平定量诊断方法及实践效用［D］．北京：北京体育大学，2004．

［39］王应强，张辉．乒乓球比赛技战术分析系统的研究与应用［J］．北京体育大学学报，2009，32（2）：136-138．

［40］虞丽娟，张辉，戴金彪，等．隔网对抗项目比赛技战术分析的理论与方法［J］．上海体育学院学报，2007，31（3）：48-53．

[41] 赵霞. 对世界优秀男子直拍快攻打法选手的技战术及发展趋势的研究[D]. 北京：北京体育大学，2003.

[42] 乔红. 对国家乒乓球女队重点主力队员的技战术跟踪分析与诊断[J]. 北京体育大学学报，2008，31（4）：471-476.

[43] 张红玲. 对2012年伦敦奥运会我国乒乓球女队后备人才的技战术分析[J]. 武汉体育学院学报，2010，44（4）：44-48.

[44] 吴飞，刘国兵，华承健，等. 关于改进乒乓球3段技、战术统计方法的研究[J] 中国体育科技，2014，50（1）：71-74.

[45] 杨青，张辉. 乒乓球比赛技战术"四段指标评估法"的构建与应用[J]. 天津体育学院学报，2014，29（5）：439-442.

[46] 杨青，张辉. 乒乓球比赛实力差评估法的构建与运用[J]. 首都体育学院学报，2016，28（6）：541-545.

[47] 黄文文，张辉，刘炜. 乒乓球奥运冠军张继科技术使用效能的评估[J]. 中国体育科技，2014，50（3）：31-34，39.

[48] 张辉，霍赫曼·安德烈亚斯. 球类比赛数学模拟竞技诊断的理论与实践：以乒乓球比赛分析为例[J]. 体育科学. 2005，25（8）：39-44.

[49] 张辉，霍赫曼·安德烈亚斯. 乒乓球比赛的数学模拟竞技诊断[J]. 上海体育学院学报. 2004，28（2）：68-72.

[50] 韩力群. 人工神经网络教程[M]. 北京：北京邮电大学出版社，2006.

[51] 肖毅，张辉. 中国乒乓球队奥运攻关研究报告：基于人工神经网络的乒乓球比赛诊断模型研究[J]. 体育科研，2008，29（6）：19-22.

[52] 钟永光，贾晓菁，李旭，等. 系统动力学[M]. 北京：科学出版社. 2009.

[53] 刘文明. 乒乓球战术行为博弈分析理论与实证[J]. 北京体育大学学报，2013，36（6）：119-124.

[54] 杨青，张辉. 优秀乒乓球运动员战术因素关系特征研究[J]. 南京体育学院学报（社会科学版），2016，30（1）：124-128.

[55] 白杨. 中国乒乓球队组织文化体系的研究[D]. 北京：北京体育大学，2009.